A MORTE EM TRÊS TEMPOS

Dados Internacionais de Catalogação na Publicação (CIP)
(Câmara Brasileira do Livro, SP, Brasil)

Assumpção, Evaldo A. d' (Evaldo Alves d')
  A morte em três tempos : como lidar com as perdas inesperadas da infância à velhice / Evaldo A. D'Assumpção. – Petrópolis, RJ : Vozes, 2022.

  ISBN 978-65-5713-677-5

  1. Crianças 2. Idosos 3. Luto – Aspectos psicológicos 4. Morte – Aspectos psicológicos 5. Suicídio 6. Tanatologia I. Título.

22-113503   CDD-612.67

Índices para catálogo sistemático:
1. Tanatologia : Morte : Ciências médicas   612.67

Cibele Maria Dias – Bibliotecária – CRB-8/9427

Evaldo A. D'Assumpção

A MORTE EM TRÊS TEMPOS

Como lidar com as
perdas inesperadas
da infância à velhice

EDITORA VOZES

Petrópolis

© 2022, Editora Vozes Ltda.
Rua Frei Luís, 100
25689-900 Petrópolis, RJ
www.vozes.com.br
Brasil

Todos os direitos reservados. Nenhuma parte desta obra poderá ser reproduzida ou transmitida por qualquer forma e/ou quaisquer meios (eletrônico ou mecânico, incluindo fotocópia e gravação) ou arquivada em qualquer sistema ou banco de dados sem permissão escrita da editora.

CONSELHO EDITORIAL

Diretor
Gilberto Gonçalves Garcia

Editores
Aline dos Santos Carneiro
Edrian Josué Pasini
Marilac Loraine Oleniki
Welder Lancieri Marchini

Conselheiros
Francisco Morás
Ludovico Garmus
Teobaldo Heidemann
Volney J. Berkenbrock

Secretário executivo
Leonardo A.R.T. dos Santos

Editoração: Natalia Machado
Diagramação: Sheilandre Desenv. Gráfico
Revisão gráfica: Alessandra Karl
Capa: Rafael Nicolaevsky
Ilustração de capa: Editora Vozes

ISBN 978-65-5713-677-5

Este livro foi composto e impresso pela Editora Vozes Ltda.

Índice

Apresentação, 7
   Dra. Ana Paula Abranches
Introdução, 9
1º tempo: a criança, 15
  1 Com relação aos adultos, 16
  2 Com relação à criança, 18
    2.1 Situações diante da morte, 20
    2.2 A morte simbólica: as perdas, 21
    2.3 A morte concreta: de outrem, 23
      2.3.1 Reações, 23
      2.3.2 Condutas sugeridas, 27
  3 A perspectiva de sua própria morte, 33
    3.1 Condutas sugeridas, 41
  Reflexão: morrer cedo demais?, 53
2º tempo: o adolescente-adulto, 59
  1 Relação do adolescente-adulto com a morte, 62
  2 Atitudes de pais e mestres diante do adolescente-adulto e a morte, 68
  3 Atitudes do adolescente-adulto diante da possibilidade da morte, 74

    3.1 Da morte de outrem, 74
    3.2 Conduta, 78
    3.3 Na perspectiva de sua própria morte, 78
3º tempo: o idoso, 85
   1 Quem é o idoso, 86
   2 O idoso aceita melhor a morte?, 87
   3 Necessidades básicas do idoso, 88
   4 Estamos num mundo melhor, 95
   5 As perdas que o idoso sofre, 97
   6 Suicídio entre idosos, 105
   7 Os ritos mortuários, 107
Conclusão, 111
   1 Pré-vendo reflexivo, 111
   2 Olhando para trás e para frente, 113
Outras leituras sugeridas, 117

Apresentação

Dra. Ana Paula Abranches[1]*

O autor em três tempos

"Todos nós devemos ser zeladores, e não donos." Há alguns anos ouvi essa frase muito libertadora (para mim) em uma noite de palestra presencial do Dr. Evaldo D'Assumpção na Associação Médica de Minas Gerais. Naquele dia, retornei a minha casa com o coração e mente vibrando de satisfação por ter encontrado um MÉDICO falando em alto e bom som sobre morte, finitude e impermanência... Que alegria encontrar esse lugar, essa pessoa e esse assunto!

E Evaldo foi assim... na Sociedade de Tanatologia de Minas Gerais (Sotamig) que ajudou a fundar em 1998 e a liderar seus trabalhos por vários anos

---

* Ana Paula Abranches Fernandes Peixoto, médica em Belo Horizonte, é inspirada por todo o trabalho desenvolvido na Sotamig, envolvida no cuidado de pacientes e famílias em terminalidade, honrada pelas sementes recebidas de Evaldo e equipe, e eternamente grata pelos constantes frutos em colheita e compartilhamento com toda a população atendida.

na Associação Médica de Minas Gerais: uma voz que não se calava no meio médico, nos diversos grupos de pessoas enlutadas em que atuou, nas ondas de rádio e em outras mídias convidando pessoas e profissionais da saúde a falar abertamente sobre a naturalidade e a universalidade da morte através dos proveitosos espaços de diálogo. Pudemos, assim, inspirados em suas reflexões, multiplicar seu conhecimento em nossos espaços de trabalho e convivência.

E Evaldo continua assim... no alto dos seus 83 anos, perpetuando seu riquíssimo trabalho intelectual de reflexões sobre nosso *modus vivendi et operandi* no intuito de ampliar mentes para um mundo mais justo e melhor prezando por um estilo de vida mais simples e mais próximo da natureza com suas belezas reveladas e compartilhadas por suas lentes voltadas para o cenário da comunidade de Praia dos Castelhanos, no município de Anchieta, Espírito Santo.

E Evaldo será sempre assim... lembrado como um incansável estudioso exemplar e um dos precursores da Tanatologia no Brasil, inspirador de tantos anônimos a enfrentar a impermanência e a morte – experiência vital que mais impacto causa na dinâmica individual e familiar.

Introdução

A vida humana é uma jornada com duração diferente para cada pessoa. Em comum nessa caminhada, todos têm um mesmo projeto básico: concluída a gestação no ventre materno, tempo de sonhos, projetos e esperanças para os pais, tempo de formação e desenvolvimento para o novo ser, vem o parto, iniciando-se essa jornada cuja duração é uma grande incógnita. Cientistas, pensadores, sonhadores, e até mesmo os que são voltados para as artes mágicas e as de adivinhação, tentam infrutiferamente descobrir o que se espera para cada bebê que nasce, para cada criança e adolescente que está em desenvolvimento, para os adultos instigados pelo futuro que lhes espera, e até para os idosos que ficam imaginando qual o tempo de vida que ainda lhes resta. Mas tudo em vão, pois ensina a antiga sabedoria que "o futuro, a Deus pertence". Vou mais longe: esse desconhecimento é, sem dúvida alguma, a maior benesse que recebemos. Sou convicto de que nenhum humano resistiria saber a data exata do calendário, a hora certa do relógio da vida, que seria o momento da definitiva despedida dessa realidade em que estamos temporariamente inseridos. Muitos, ludibriados por adivinhos de momento, por falsos profetas do apocalipse, e tremendamente angustiados pela proximidade da data que lhes foi prevista para o seu momento final, anteciparam esse evento derradeiro, dando fim à sua própria vida. E com esse absurdo suicídio, demostraram a total falácia das previsões que lhes foram feitas: afinal, morreram bem antes do que elas afirmavam.

Acredito que vivemos numa total simbiose com a natureza. Afinal, somos parte dela, criados que fomos pelo mesmo e único Criador. Sempre gostei de contemplar as outras criaturas com as quais convivemos continuamente. Todavia, muitos nem sequer se dão conta do universo que os rodeia, tanto do reino animal como do vegetal, presos que estão às atividades profissionais, à luta pela conquista de bens, de cargos, de tudo aquilo que definem como "ganhar a vida, ganhar a subsistência", como se só isso bastasse. E assim, perdem a grande oportunidade de usufruir das coisas boas, belas e até mesmo didáticas, que estão permanentemente em nossa volta.

Gosto de caminhar por entre árvores, pássaros canoros, raios de sol infiltrando entre prédios e galhos cheios de folhas, flores e até frutos. E, pela felicidade de morar numa orla marítima, contemplar o movimento infindável das ondas que me proporcionam magníficas aulas de persistência, de solidariedade, de poder e mansidão que se alternam. Aulas de vida, e de como viver. Mas são as árvores que nos proporcionam excelentes exemplos. Um deles é o fluxo da vida. Uma semente é jogada ao solo, propositada ou aleatoriamente. Vem a chuva, vem o sol, e a semente se abre em raízes, depois num ramo que rompe a terra que estava sobre ela, o qual vai crescendo, tomando corpo, tornando-se depois o tronco que irá sustentar a árvore. Em seu crescimento, ela busca o alto, onde a luz e o vento são fartos e gratuitos. Dependendo de sua genética, poderá se tornar uma frondosa árvore que no tempo certo dará flores e frutos. Sua produção será graciosamente oferecida aos pássaros para a sua subsistência, além dos galhos fortes onde eles também farão seus ninhos para gerar novas vidas. Também os humanos usufruirão de seus frutos, raramente se lembrando de agradecer à árvore, e ao seu Criador, o alimento que recebem, muitas vezes sem qualquer esforço. O tempo passa, os anos se renovam, e um dia, no tempo geneticamente previsto para a sua durabilidade, vem o ressecamento de seus galhos, suas folhas já não se renovam, e pouco a pouco a árvore seca, e morre. Cumprido o seu ciclo de vida, chega o momento em que ela deve ceder seu lugar às outras árvores que virão. E ela o faz sem lamento, sem revolta, pois fez o que lhe era devido.

Seu tronco, já sem vida, dará origem a móveis, a casas, ou, quem sabe, será queimado para proteger famílias do frio ou preparar o alimento para sustentá-las. O círculo da vida continua girando.

Os elementos da natureza, repito, são nossos melhores professores de vida. Basta estarmos abertos e sem preconceitos, para assimilar as suas aulas.

Os humanos possuem uma relação com o ciclo natural da existência, eivado de angústias, questionamentos e medos. O maior deles é, sem dúvida, o da morte. Mesmo sabendo que ela é a companheira constante de nossa vida, que permanece ao nosso lado vinte e quatro horas por dia, todos os dias, ignoram ou tudo fazem para não se recordar disso. Recusam-se a conhecê-la mais profundamente, como se ela não fosse uma das muitas e melhores, professoras de vida que temos. Até a iconografia que se faz dela é terrível: um esqueleto recoberto por um manto negro e capuz envolvendo o crânio, trazendo uma enorme foice na mão. Se na verdade assim fosse, como não se ter medo, pavor mesmo, dessa horrível figura? Mas, a morte não é assim. A maneira como ela ocorre, na maioria das vezes produzida pelos próprios humanos, direta ou indiretamente, súbita ou violenta, é que a fazem tão absurda e até repugnante.

Para refletirmos sobre essa relação vida e morte nos três tempos de nossa existência, adoto uma nomenclatura não exatamente oficial, mas que nesse texto eu a oficializo, por achá-la mais concernente com a nossa realidade.

A vida se inicia na fecundação de um óvulo por um espermatozoide, e quando o fruto dessa união deixa o aconchego do útero materno, inicia seu tempo de vida, ao qual se denomina infância. E ao novo ser chamamos de **criança**, definindo o tempo de vida que vai até a idade de 10 anos. Nesse momento começa a condição que resolvi chamar de **adolescente-adulto**. Esse período é o que mais passa por mudanças relacionadas à definição etária. Por bastante tempo ele foi chamado simplesmente de adolescência, e seu limite ficava entre os 12 e 18 anos de idade. Depois vieram mudanças, as quais vamos comentar quando tratarmos de sua relação com a morte.

Passada a condição de adolescente-adulto, a mais prolongada delas, vem a de **idoso**. Em séculos passados, quem atingia a idade de 50 anos já era classificado como velho, ancião, senil. Palavras que também não gosto de usar pela sua conotação de incapacidade, inutilidade. Prefiro chamá-los de idosos, palavra que é a forma haplológica (mudança linguística que consiste na supressão de uma de duas sílabas iguais ou semelhantes, contíguas) de "idadoso", na qual se une "idade", que corresponde aos anos de vida, com o sufixo "oso", que significa grande quantidade. Cito alguns exemplos: caridoso, indicando quem tem muita caridade; bondoso, aquele que tem muita bondade; maldoso, quem tem muita maldade. Idoso, portanto, define a pessoa que tem muito tempo de vida. Até pouco tempo atrás, esse terceiro tempo iniciava-se aos 60 anos, contudo hoje esse limite saltou para 65 anos, havendo quem já pretenda situá-lo nos 70 anos. De qualquer forma, temos então os três tempos da vida como os classifico: **criança**, **adolescente-adulto** e **idoso**. E, num destaque especial no segundo grupo, sem dele excluí-los, colocamos os que estão entre os 35 e 70 anos, retirando deles o prenome "adolescente", denominando-os apenas como "adulto", pelo grau de maturidade que vão adquirindo.

Buscando atenuar a má impressão da morte que grande parte das pessoas tem, e proporcionar meios para melhor lidarem com a sua presença nos três tempos da vida, trago para os leitores este livro, que espero lhes ajude a conviver melhor com ela.

Praia dos Castelhanos –
Anchieta, março de 2021
Evaldo D'Assumpção

1º tempo: a criança

A morte, em nossa cultura, é coisa para velhos. O velho é o "pé na cova", é aquele que já viveu o que tinha de viver, é aquele que já está na hora de morrer. Paradoxalmente, as estatísticas mostram que proporcionalmente morrem mais jovens do que idosos. A realidade está aí para provar isso: a sociedade ocidental e latino-americana está ficando, a cada dia, mais idosa. O tempo de vida médio está em torno de 70 anos. E, para as leis atuais, idoso é quem tem acima de 60 ou de 65 anos, dependendo da circunstância.

Os jovens, mais afoitos e menos cuidadosos, expõem-se às mais numerosas situações de risco: envolvimento com álcool e, sobretudo, drogas, atividades perigosas, trabalhos mais pesados. Tudo isso acaba aumentando as estatísticas de morte entre os jovens, preservando os idosos, que, talvez pela própria idade, são mais cautelosos, não se expondo a situações de riscos com facilidade, nem se envolvendo com atividades perigosas. Pelo menos, na maioria das vezes.

Por isso, falar da criança e da morte pode até parecer desnecessário. Mas não o é. A criança também morre, ela também está sujeita a situações de risco, ela também adoece, ela também sofre, e muito, com a perda de pessoas queridas. É exatamente a criança que traz doenças congênitas, muitas vezes não diagnosticadas e que subitamente a leva à morte, para desespero de seus pais e parentes.

Como em nossa sociedade não há uma educação formal e universal para a morte, descobrir que a criança também morre, abala terrivelmente a maioria das pessoas.

Por outro lado, a morte de uma criança inverte a lógica da natureza. Sempre se espera que o mais novo sepulte o mais velho, e quando o oposto sucede, a dificuldade para aceitar essa realidade é enorme. Mas ela acontece e temos de estar preparados.

Vejamos então alguns pontos essenciais para a compreensão desses fatos. Como ponto de referência, vamos ver a diferença entre a percepção da morte pelo adulto – resumidamente – e a percepção da criança.

1 Com relação aos adultos

Sua postura em relação à morte

Geralmente, o adulto só pensa na morte quando é obrigado a ir a um velório ou quando se vê diante da possibilidade de uma doença grave. Ou, ainda, quando passa pela experiência de um acidente ou situação traumática que lhe poderia ter causado a morte. No mais, prefere ignorá-la, como se isso fosse possível. Quando necessita falar sobre ela, conta anedotas sobre a morte e o morrer, faz brincadeiras ou simplesmente silencia, e em seguida desvia o assunto para temas mais interessantes para ele.

Sua percepção da morte

O adulto tem pleno conhecimento das características básicas de morte: ele reconhece a sua irreversibilidade, a sua universalidade e a não funcionalidade do morto.

Por mais que isso o incomode ele nunca nega que a morte é irreversível. Alguns adotam crenças em que a ideia da reencarnação prevalece e isso não deixa de trazer certo consolo. Afinal a morte será apenas um "intervalo" entre existências e assim ele morre, mas não morre. Volta a esta mesma vida que, já sendo sua conhecida, lhe dá certa segurança. Morrerá sim, mas voltará a viver nesta mesma realidade em que se encontra atualmente.

Talvez seja esse um dos pontos que mais ajudam às religiões reencarnacionistas a cativar adeptos. Afinal, é muito mais interessante e confortável aceitar um sistema de crenças que nos oferece diversos retornos a esta vida que já conhecemos, do que outro que nos acena com uma única existência nessa realidade a que estamos habituados, e à qual somos tão apegados, para depois dela termos uma vida transcendental e definitiva que nos é totalmente desconhecida, e inexplicável de forma mais concreta.

Por outro lado, o adulto também sabe que todos, absolutamente todos, um dia irão morrer. A universalidade da morte é algo que nenhum adulto nega. Ainda que tente sempre esquecer que ela existe e está sempre bem perto de nós...

Finalmente, o adulto tem plena consciência de que o morto já não é mais operacional. Em outras palavras, ele sabe que o cadáver é um ser definitivamente inanimado e, por isso mesmo, já não cria nenhuma expectativa sobre ele. Ali está um conjunto celular, molecular, que já não tem função prática para a sua comunidade, a não ser voltar para a natureza em seus componentes físico-químicos.

2 Com relação à criança

Para melhor entendermos as reações da criança quanto à morte, é importante que se conheça antes o estudo de Piaget sobre as diversas etapas do seu desenvolvimento, assim como as fases que a criança experimenta com relação à sua percepção da morte. Para Piaget, essa relação entre a criança e a morte é muito importante para o seu desenvolvimento intelectual.

São três os períodos pelos quais uma criança passa em seu desenvolvimento e a sua percepção sobre a morte em cada um deles:

a) Período pré-operacional (pré-escolar, até em torno dos 5 anos de idade)

Durante este período, ela não reconhece a irreversibilidade nem a universalidade da morte. Ou seja, para ela a morte não é alguma coisa definitiva, da qual não se tem retorno. Diante da morte de uma pessoa querida, a criança espera que ela volte algum dia.

Por outro lado, nesta fase ela também não tem a noção de que a morte é para todas as pessoas. Ela é alguma coisa que acontece à distância ou então que atingindo a alguma pessoa próxima de si, necessariamente não irá acontecer a outra.

Também durante este período, ela não distingue claramente a diferença, a oposição que existe entre seres animados – aqueles que morrem, e inanimados – aqueles que não morrem. A isso se dá o nome de não funcionalidade.

b) Período operacional concreto (até aproximadamente os 9 anos de idade)

Neste período a criança já distingue a morte como irreversível. Ela sabe que aqueles que morrem não voltam mais. E reconhece também a imobilidade da morte. Ou seja, quem está morto já não se move mais.

Dentro da evolução de sua percepção, ela já distingue com clareza os seres animados das coisas inanimadas. Ela já tem consciência de que os animados estão sujeitos à morte, enquanto os outros – bonecos, brinquedos – não morrem.

c) Período operacional formal (em torno dos 11 anos de idade)

A morte se torna uma coisa natural, porém ainda lhe falta uma abstração mais elevada. Coisa que para muitos adultos ainda apresenta a mesma dificuldade.

Por outro lado, já tem os três conceitos fundamentais da morte: a irreversibilidade, a universalidade, e a não funcionalidade.

2.1 Situações diante da morte

Conhecendo bem esses três períodos que dividem o tempo de criança, podemos refletir um pouco sobre a sua postura diante da morte. Mas não se pode deixar de levar em conta que valores familiares, culturais e religiosos também irão influir no modo de a criança reagir diante da morte.

Por outro lado, alguns autores questionam a aplicação rígida das características desses três períodos. Kastenbaum e Aisenberg (1983) dizem: "Não compartilhamos a suposição frequente de psicólogos do desenvolvimento de que as criancinhas não possuem qualquer compreensão da morte. Entre os extremos de 'nenhuma compreensão' e de pensamento abstrato integrado, explícito, há muitos modos pelos quais a mente nos primeiros anos de vida pode entrar em relação com a morte". Por isso esses autores afirmam mais à frente: "[...] crianças muito pequenas podem ficar impressionadas por se verem expostas à morte. A criança pode não dispor de operações mentais de alto nível, mas percepções relativas à morte podem produzir um forte e duradouro impacto". E continuam: "O contato com a morte pode contribuir, direta ou indiretamente, para a eclosão de distúrbios emocionais e comportamentais na primeira infância". E completa: "A ambiguidade no pensamento e na linguagem dos adultos pode confundir a criança pequena quando procura entender a morte".

Tendo em vista estas colocações, vamos considerar duas situações distintas:

a) A morte simbólica – as perdas – e a morte concreta, do outro.

b) A perspectiva de sua própria morte.

2.2 A morte simbólica: as perdas

Todo ser humano vive em torno de perdas e ganhos. Com certeza abominamos a ideia de perder, mas gostamos muito de ganhar. Entretanto, se não houvesse perdas, com certeza não saberíamos o valor dos ganhos.

Como saberíamos que é bom ver as coisas iluminadas se não houvesse o escuro? Da mesma forma, se vivêssemos permanentemente na total escuridão, jamais saberíamos como as coisas são belas, como as cores dão vida às coisas.

Somente valorizamos o silêncio porque temos o ruído, por vezes tão intenso que nos incomoda bastante.

E assim poderíamos ir citando tantas outras coisas em que o oposto é essencial para que valorizemos as coisas que estão postas para nós.

Viemos a este mundo, mediante uma perda. A criança, no útero materno, chegará a um momento em que não encontrará mais espaço para ela dentro daquele ambiente, antes tão confortável e protetor. Seu crescimento já a colocou em posição de desconforto e, se não deixar o útero, com certeza irá morrer.

Com a perda da vida intrauterina, ganhamos a vida que temos, com certeza muito mais cheia de oportunidades e variedade de situações que lhe dão sentido.

Depois, vamos crescendo e novas perdas acontecem em nossa vida. Perdas que serão de diferentes tamanhos e importância.

Perdemos a infância para ganhar a juventude; perdemos a juventude para ganhar a vida adulta; e perdemos esse tempo de maior produtividade e aproveitamento da vida, para entrar na senilidade, em que a cada dia tudo se torna mais limitado para o idoso. Portanto, as perdas fazem parte da vida do ser humano.

Essas perdas podem ser de objetos pessoais, podem ser de animais de estimação, podem ser até mesmo de programas não realizados. Como por exemplo, uma viajem de passeio que teve de ser cancelada. A essas perdas damos o nome de MORTE SIMBÓLICA, pois elas representam, tanto para o adulto como para o idoso e para a criança, uma morte. A morte de um sonho, a morte de uma fantasia, a morte de um relacionamento importante.

Mas a perda maior é sempre a MORTE CONCRETA de uma pessoa querida.

2.3 A morte concreta: de outrem

Diante da morte de outra pessoa, a criança irá reagir dentro das características de suas fases evolutivas, assim como dos valores que já tenha incorporado à sua personalidade.

2.3.1 Reações

Podemos apontar algumas reações que a criança irá apresentar diante de uma perda importante:

a) A criança percebe que algo anormal e grave aconteceu – Esta é sua primeira reação. Sabendo que alguma coisa diferente, indesejável, está acontecendo, ela vai procurar descobrir que coisa é esta e qual será o seu envolvimento no que está ocorrendo. Um comportamento curioso das pessoas é fingir que nada está acontecendo, porque desconhecem que não é só através da fala que nos comunicamos. O nosso corpo e nossas atitudes falam muito mais alto. Nisso reside um dos grandes perigos da mentira: nossa fala é uma, nossa linguagem corporal e comportamental é diametralmente oposta. Se os adultos percebem isso, as crianças, que têm um sentido muito mais aguçado para a linguagem corporal e comportamental, vão descobrir esta discrepância com grande facilidade. E isso colocará em grave risco a confiança que elas possam ter nos adultos.

b) A criança faz perguntas – Em consequência da percepção de um fato ruim, a criança vai questionar sobre ele. Muitas vezes os adultos não sabem o que lhe responder. Procuram se esquivar, às vezes dão algumas explicações, porém insuficientes, ou então, o que é certamente pior, mentem para a criança.

c) A criança expressa sentimentos ambivalentes como o adulto: tristeza e alegria – Na medida em que vai tomando conhecimento do que está acontecendo, ela vai expressar sentimentos, os mais variados e às vezes paradoxais. Pode se tornar aparentemente desinteressada, cuidando de outras coisas. Como se buscasse uma fuga da realidade. Pode se tornar triste ou alegre. E isso costuma confundir os adultos que esperam uma reação "lógica" da criança.

d) A criança passa pelas mesmas fases do adulto, descritas por Kübler-Ross: negação, raiva, negociação, interiorização e aceitação – Obviamente, a forma de manifestar cada uma dessas fases terá características bem próprias em função do grupo etário em que ela se encontra. De qualquer forma, a negação e a raiva costumam ser bastante evidentes e isso exige um maior tato dos adultos para lidar com ela. Não estimular a negação através de mentiras, nem tampouco menosprezar a raiva, que apenas deverá ter a sua expressão discretamente controlada para evitar que a criança provoque danos, a ela mesma ou a outras pessoas.

e) A criança deseja se reunir com a pessoa que morreu – Quando a perda se refere a uma pessoa muito querida, um irmão, a mãe ou o pai, o avô ou a avó, a criança pode manifestar o desejo de se unir com aquela pessoa que partiu. Frequentemente isso é reforçado pelas explicações enfáticas, exageradas e por demais fantasiosas dos adultos, sobre a morte. Tais como a ida para um céu cheio de anjinhos para brincar. Descrevendo-se um lugar tão prazeroso, onde só há brincadeiras, jogos e festas, com certeza ele irá parecer muito desejável para a criança, fazendo-a gostar da ideia de se reunir ao seu familiar querido que faleceu, ainda mais num lugar que só encontrará muita diversão. É importante que se converse com a criança sobre isso, porém de uma maneira mais comedida e compreensível para ela, lembrando-se de que nem para os adultos é possível uma descrição real do que é o transcendental. O melhor caminho, antes de responder a qualquer pergunta, é devolver para ela a questão, interrogando: "O que você acha?" ou "Como você acha que é?" Tem-se assim uma ideia do que ela imagina, e diante de sua colocação, sendo razoável, uma boa atitude será simplesmente concordar, pois é o que ela, naquele momento, está preparada para saber.

f) A criança busca o adulto para acolhimento – Sentindo-se desamparada e às vezes até mesmo abandonada, a criança poderá buscar num adulto, com quem tenha mais intimidade, um aconchego que lhe dê segurança nesse momento em que ela se sente totalmente perdida. O problema é quando esse adulto escolhido está também transtornado e sem condições de lhe fornecer o que necessita. Não encontrando acolhida, a criança irá somar à perda da pessoa querida também a perda de um colo acolhedor, até que alguém perceba isso e lhe proporcione o conforto e a segurança que procura.

g) A criança pode ter sentimento de culpa – Um dos sentimentos infantis mais frequentemente encontrados em situações de perda é a culpa. Se a criança perde um brinquedo do qual ela muito gosta, sente-se culpada por não tê-lo guardado direito. Se ela tem uma cultura religiosa muito conservadora, na qual a figura de Deus é sempre apresentada inadequadamente como um vigilante justiceiro, esse sentimento de culpa pode ser mais acentuado. Se um dos pais sofre um acidente, um irmão adoece ou ela mesma fica doente, a criança pode atribuir aquilo a uma espécie de castigo que está recebendo por ter feito alguma coisa muito errada.

Também a criança está sujeita à manifestação do mandato "não seja feliz" e, com isso, ela poderá somatizar tal sentimento, adoecendo ou agravando a sua própria doença.

Crianças entre 6 e 8 anos já têm certo entendimento de que a morte é permanente e podem considerá-la como um castigo para quem faz coisas ruins. Dentro desse seu pensamento, se estiver com uma doença grave poderá desenvolver um sentimento de culpa.

2.3.2 Condutas sugeridas

Algumas condutas podem ser indicadas para orientar o comportamento das pessoas que estiverem lidando com uma criança que passou ou está para passar por uma perda.

a) Buscar comunicação no nível em que a criança se encontra – Muitas vezes as pessoas próximas a esta criança se esquecem de levar em conta o seu nível evolutivo, as estruturas familiares, religiosas e culturais nas quais ela foi criada. Com isso, falam, respondem a questões, explicam, mas o fazem de modo completamente distante da realidade da criança, que pouco ou nada entende. Com isso sua ansiedade e seu sofrimento se agravam, trazendo mais angústias para os que a cercam, pois se sentem impotentes para ajudá-la.

O caminho é procurar conhecer estas condições e buscar conversar com ela dentro de sua realidade. O adulto que não se sentir capaz de fazer isso deve recorrer à ajuda de alguém que possa fazê-lo de modo adequado. Procurar nestas horas um profissional é quase sempre indispensável.

Levando em conta os ensinamentos de Kastenbaum, vistos anteriormente, acreditamos que é preciso muito discernimento para estabelecer uma boa comunicação com a criança. Se ela se encontra na primeira infância, dos 3 aos 5 anos de idade, a sua presença em velório ou em funerais deve ser muito bem avaliada em função da manifestação da própria criança. É preferível evitar a sua participação, pois isso poderá lhe trazer problemas futuros. Crianças com mais idade, desde que manifestem concretamente a sua vontade de ir, poderão estar presentes desde que acompanhadas, e bem orientadas em todo o tempo, por pessoas preparadas para tal. E que essas pessoas estejam em condições de conversar com elas, respondendo adequadamente aos seus questionamentos. Caso contrário será melhor evitar a sua ida sem, contudo, causar-lhe constrangimentos por uma maneira inadequada de negar.

b) Guiar-se pelas perguntas da criança – Reforçamos neste item alguns conceitos já expostos anteriormente, mas que são de grande valia. Uma solução prática e eficiente, que muitas vezes resolve bem a situação, é aprender a escutar e só responder depois de ter assimilado bem o que a criança está dizendo ou questionando. Quase sempre a ansiedade do adulto para ajudar, sua pressa em responder às questões que lhe são feitas, impede que ele escute genuinamente a criança. Com isso ele não entenderá adequadamente as suas colocações, e poderá responder de modo totalmente inadequado.

Uma maneira eficiente para responder a perguntas – e isso se aplica também aos questionamentos dos adultos – é devolvê-las antes de respondê-las. Se a criança pergunta: "O que aconteceu com o vovô?", pode-se devolver a pergunta: "O que você acha que aconteceu com ele?" Ou então, se diante da morte do avô ela pergunta: "Para onde o vovô vai?", devolvendo a pergunta: "Para onde você acha que ele vai?" poderão ser obtidas informações sobre o que a criança já sabe e o que ela está procurando saber. Ao responder, depois deste aprofundamento na posição da criança, procurar sempre dizer a verdade; nunca mentir. Se o que ela responder não for falso, bastará que confirmemos sua colocação. Se for fantasioso demais, podemos ir conversando e trazendo-a para a realidade, com ternura e paciência, mas sobretudo em linguagem simples, objetiva e sem falsidades.

Quando se usam mentiras para fugir de uma situação desconfortável, com certeza elas poderão desmoronar totalmente a confiança da criança, quando perceber que não lhe disseram a verdade.

Muitos adultos, especialmente os pais, não admitem a ideia de conversar com as crianças sobre a morte. Trazem consigo a ideia de que com isso irão gerar mais angústias para a criança, somado ao fato de que possivelmente ela não saberá lidar com o sofrimento pela morte. Evitar conversas sobre esse assunto lhes parece mais conveniente, e isso é agravado com o reforço de tais ideias, por vezes dado por profissionais de saúde que, também eles, encontram grande dificuldade em conversar sobre a morte.

Aberastury (apud FRANCO, 2002) ensina que a mentira, tanto quanto a sonegação de informações, contribui para dificultar o trabalho do luto da criança, assim como a aceitação da perda da pessoa querida.

Spinetta (apud FRANCO, 2002), por sua vez, demonstrou que "o medo do desconhecido frequentemente é pior do que o conhecimento". Portanto, falar sobre a morte com a criança não só diminui suas angústias, como deixa um canal de comunicação sempre aberto para quando ocorrerem situações de perdas.

Franco (2002) ensina que "a criança não deve ser excluída da experiência de perda". Sua participação irá ajudá-la a lidar com as outras perdas que certamente ocorrerão em sua vida.

Podemos então nos reportar aos anos 50 do século passado, e mesmo antes, quando os pais jamais falavam sobre sexo com os filhos. Com isso eles iam buscar informações com pessoas e em locais inadequados, quase sempre aprendendo coisas indevidas, que iriam repercutir gravemente em sua vida adulta.

A esse propósito, conta-se um caso engraçado que ilustra bem a importância de se saber dialogar com as crianças. Um pai andava bastante preocupado porque seu filho estava com 8 anos de idade e ele sentia que precisava falar com o filho sobre questões de sexualidade, especialmente sobre como se geravam os bebês. Além do filho, tinha também uma filha mais nova, a quem chamavam de Mariinha, morando num apartamento de segundo andar. Um dia o pai estava sentado na sala, matutando como iria conversar com seu filho sobre esse tema desafiador, quando ele entrou e lhe perguntou: "Papai, de onde veio a Mariinha?" O pai exultou-se vendo naquela pergunta o momento ideal para aquela conversa que tanto o angustiava. Pediu ao filho para sentar-se na poltrona ao lado e deu-lhe uma explicação – detalhada, porém em linguagem bem cuidada – de como os bebês eram formados e como nasciam. Terminando a narrativa, ele perguntou aliviado: "Filho, você entendeu tudo o que o papai lhe falou?" O garoto, que ouvira tudo silenciosamente, respondeu: "Sim, papai. Mas tudo isso eu já havia aprendido na escola, e sei muito bem. O que eu lhe perguntei foi de onde veio a Mariinha, pois ela entrou pela porta dos fundos, pela escada de serviço..." Reforço então essa lição: ao invés de se apressar em responder, procure saber, o mais cuidadosamente possível, o que lhe estão perguntando.

c) Acolher e compartilhar sentimentos – Na relação com a criança que vivencia uma perda, não basta ouvir e responder adequadamente. Afinal, a fala quase sempre está restrita à razão. É necessário – e fundamental – que também se compartilhem sentimentos. Muitos adultos ocultam o choro diante de uma criança e justificam que é para ela não sofrer. Contudo, se a criança vê o adulto chorando, ela se sente encorajada a também expressar seus sentimentos, coisa que é essencial à saúde física e psíquica do ser humano. A esse respeito, uma lição é importantíssima: "Emoção sem expressão vira depressão. E depressão mata. Mas expressão inapropriada vira confusão!"

É preciso que aprendamos a expressar nossas emoções, fazendo-o de modo adequado. Mas nunca "engolindo-as", pois com certeza nos farão mal.

Por isso mesmo nunca se deve dizer a quem sofre: "Não chore, não!" Ao contrário, devemos dar a ela o nosso ombro para que se sinta acolhida, e possa chorar livremente. Se for o caso, será positivo também chorar junto com ela.

Quando a criança percebe que um adulto está chorando por causa de uma perda, ela se sentirá livre para chorar também. E isso somente lhe fará bem.

Uma criança envolvida numa perda, se for acolhida carinhosa e autenticamente na expressão de suas emoções, irá elaborar melhor essa perda, conseguindo fazê-la mais rapidamente do que se for tolhida e tiver de sufocar suas emoções.

Um fato muito importante é que, quando uma criança entra em contato com a morte de alguém, mesmo que não lhe seja muito próximo, pode desenvolver um medo de que outras pessoas, estas queridas dela, venham também a deixá-la, levadas pela morte. Geralmente expressam esse medo por meio de constantes perguntas sobre para onde foi a pessoa morta, ou então pelo medo da separação. O acolhimento da criança, procurando aprofundar-nos no que ela está pensando e sentindo, com certeza irá ajudar bastante.

3 A perspectiva de sua própria morte

Quando a morte já não é a do outro, mas uma perspectiva para si, geralmente por alguma doença grave, algumas coisas se somam intensamente ao que já foi visto:

a) A criança sofre perdas, que são como pequenas "mortes" – A primeira delas é a perda da rotina a que estava acostumada, vendo-a substituída por visitas ao médico, exames de laboratório, restrições de atividades, hospitalização, afastamento de pessoas queridas etc. Tudo isso assusta e atemoriza a criança, que além de perceber que algo não vai bem com ela mesma, também a está retirando das coisas de que mais gostava.

Outra perda é a do próprio conforto físico, que passa a ser perturbado pelos sintomas da doença, associado ao desconforto, e até mesmo às dores de exames e tratamentos a que vai sendo submetida.

b) A criança SABE o que está acontecendo – Nosso corpo nos fala continuamente. Nada se passa nele sem que o saibamos. Contudo, o adulto, nas suas atividades profissionais e sociais, acaba se desligando do próprio corpo e somente irá senti-lo quando este se manifestar intensamente diante dos estresses a que é submetido, do desrespeito aos seus próprios limites. A criança, entretanto, tem melhor percepção do seu corpo do que o adulto, pois ainda não se envolveu no mundo das excessivas preocupações. Assim, quando acometida de uma doença grave, ela sabe que a tem. Obviamente não conhece o diagnóstico, o nome da doença ou suas características, mas ela sabe que alguma coisa diferente lhe está acontecendo, que algo em seu corpo está lhe fazendo muito mal.

Por isso, é ilusório procurar enganar a criança, dizendo que ela não tem nada. Pior ainda, esse tipo de comportamento impede-a de expressar suas emoções, seus medos, suas ansiedades.

O importante é ouvi-la com ternura e atenção, e responder-lhe de forma compreensível para a sua idade, sem mentiras, mas também sem querer detalhar tudo o que está se passando, principalmente sem que ela tenha perguntado. Reforçando: nunca vá além do que lhe for questionado.

Algumas pessoas, com crenças religiosas muito fortes, porém sem um conhecimento mais profundo do que significa a "vontade de Deus", costumam dizer que a fé em Deus (ou neste ou naquele santo) irá curar a criança, e que por isso não se deve falar sobre a morte com ela. Mesmo porque, se o fizerem estarão se contrapondo à sua crença. Mesmo respeitando o que cada pessoa crê, é importante salientar-se que Deus não age sozinho, tomando dos homens o que somente a eles cabe fazer. Ele não interfere diretamente em nossa vida, fazendo em nosso lugar aquilo para o que nos deu todos os meios de realizar. Nós somos os seus instrumentos, e assim devemos nos comportar. Com humildade, mas também com confiança. De forma alguma isso significa que se deve deixar de rezar, pois as orações são importantíssimas para se alcançar a inspiração adequada para os profissionais que estão tratando do enfermo. E também para lhe proporcionar o alívio que precisa. Contudo, esperar uma ação mágica, diretamente de Deus, leva muitas pessoas crédulas a recusarem tratamento, afirmando: "Não preciso de médico, Deus é que me vai curar". Com isso apressam ou agravam a doença, muitas vezes impedindo a sua cura, por não procurar nem permitir o tratamento médico adequado. A crendice (ou superstição, que não é a fé legítima) muitas vezes leva pessoas à morte precoce e totalmente desnecessária.

Por outro lado, de um modo geral a criança, após os 9 anos de idade, já tem melhor compreensão de que a morte decorre de processos internos em seu organismo, sendo ela o final da vida como se conhece. Por essa razão, pode desenvolver a ideia de que está sendo punida por más ações que tenha cometido, e que está sendo castigada por Deus. Essa é uma situação que deve ser muito bem elaborada com a criança, para que ela perca esse sentimento de culpa, e a ideia errônea de que Deus é um ser vingativo e punidor.

c) A criança percebe a piora de seu estado – Quando sua condição vai piorando, ela tem consciência disso. E sabe que vai morrer. Este é um momento extremamente difícil para os pais e parentes que estão próximos. Contudo, alguns pontos são importantíssimos na relação com esta criança que está próxima da morte. Eles foram enumerados por Reynolds, Miller, Jelian e Spirito (1995) e podem ser assim colocados:

1) Fazer com que a criança se sinta segura de que terá sempre alguém do seu lado, em todos os momentos possíveis. Ela deverá saber que poderão existir momentos nos quais as características dos exames ou dos tratamentos exigirão o afastamento dos seus familiares, mas que eles estarão o mais próximo possível e logo voltarão a se encontrar.

2) Fazer com que a criança tenha a certeza de que tudo será feito para evitar que ela sofra ou sinta dores.

3) Fazer com que ela fique certa de que jamais será esquecida pelos que a amam.

4) Dar permissão genuína à criança para que ela chore, para que expresse suas emoções quando quiser. E fazer com que ela saiba que não precisa nem deve reprimir essas emoções para "proteger" as pessoas que estão ao seu lado. Reforçamos: nunca se deve dizer a uma criança que está sofrendo (tampouco a qualquer pessoa...): "Não chore não!"

5) Ajudá-la a compreender que o choro de seus pais e familiares é devido ao amor que eles lhe têm e que este choro os ajuda a lidar com a tristeza de vê-la doente.

6) Mostrar-lhe que seus pais, familiares e amigos sempre se lembrarão dos momentos felizes que tiveram e não da tristeza e do choro destes momentos de doença.

7) Respeitar o tempo de reflexão da criança. O seu silêncio voluntário lhe é extremamente importante.

8) Fazer com que ela saiba que seus pais e seus irmãos (se for o caso) não ficarão sozinhos, pois estarão sempre unidos e outras pessoas os apoiarão.

9) Dar permissão à criança e favorecer para que ela possa se despedir de amigos e até mesmo de animais de estimação que porventura possua.

10) Deixar que ela entenda que também os adultos não sabem quase nada da morte. O que não impede procurar mostrar para a criança, quando ela fantasiar coisas ruins sobre a morte, que isso não é verdade. Tomar muito cuidado para não fazer tentativas (inúteis) de detalhar, para a criança, o que é a morte. Afinal, nem quem está agindo assim sabe do que está falando...

11) Estudos evidenciam que crianças acima de 4 anos já estão abertas a conversas francas, e assim a presença de pais e familiares, compartilhando sentimentos, pode ajudar na evolução para um clima de paz que favorece o dizer adeus.

Em todas essas colocações pode-se perceber que a criança moribunda se preocupa muito mais com os que ficam do que com ela, que está partindo. Esse é um fato comumente observado. Poucas são as crianças que entram em pânico pela proximidade da morte e os pais e parentes geralmente atribuem essa tranquilidade à ignorância da criança em relação a ela. Porém isso não corresponde à realidade, como será visto a seguir.

d) A criança tem maior "proximidade" com a morte – Curiosamente, quanto mais nova é a criança mais ela tem certa "consciência" da morte. Não por elaborações intelectuais, mas por sua proximidade com ela. Quando a criança deixa o útero materno para chegar a esse mundo em que vivemos, ela tem uma experiência semelhante à da morte. Para ela, enquanto estava no útero materno, aquela era a plenitude da vida. Ali ela tinha conforto, proteção, alimentação. Com certeza a sua sensação era de que somente aquilo era a vida. Nada mais existiria. Talvez exatamente como hoje pensamos, enquanto vivemos neste mundo, negando a morte, rejeitando falar ou refletir sobre ela. Contudo, chega um momento em que o útero se torna pequeno para a necessidade de crescimento e desenvolvimento da criança. Ela não cabe mais ali dentro. Precisa buscar algo novo. Vem o trabalho de parto, a criança descobre uma passagem por onde pode sair daquele espaço que agora se tornou desconfortável, restrito, opressor, e ela nasce. Descobre então um mundo novo, com maiores perspectivas, ainda que traga também maiores riscos e problemas. Mas nele ela poderá crescer, desenvolver-se e tornar-se uma nova criatura. Os problemas...

esses virão muito depois, e certamente ela aprenderá e saberá lidar com eles.

Para o bebê ainda no ventre materno, a proximidade do parto é como a proximidade da morte. Algo totalmente desconhecido o aguarda. Quem sabe, um grande medo se coloca ao lado de uma grande expectativa. O que virá em seguida? Como será? Como serei? Obviamente não são pensamentos racionais, pois ainda lhe falta condições para isso. Contudo, é bom lembrar-se de que somos muito mais do que simples amontoado de células e funções fisiológicas conhecidas. Como humanos, temos algo muito maior em nós, que a ciência não define, tampouco explica, pois não o encontra em microscópios ou tubos de ensaio. Mas, experiências de regressão são capazes de revelar lembranças reais, porque confirmadas posteriormente, e que a ciência comum não sabe explicar. Para mentes demasiadamente racionais, o que cientificamente não se consegue comprovar é porque não existe. Erro crasso, por falta de humildade.

Voltando ao bebê no trabalho de parto, que para ele é a morte da vida intrauterina. Não a morte da pessoa, mas a morte de um tempo e forma de vida. A essa morte se sucede uma nova vida. Uma vida maior, melhor – já que com muito mais oportunidades – na qual ele talvez não acreditasse nem esperasse. Mas que agora descobre que é, que existe, que é real.

A criança intrauterina morreu, nasceu a criança para o mundo exterior.

Por isso, quanto mais nova, mais ela tem a consciência da morte, que pouco a pouco lhe vai sendo retirada pela cultura que lhe será transmitida, pelos valores que irá adquirindo. Da morte que temíamos enquanto intrauterinos, à morte que foi libertadora e depois à vida racional e competitiva que assumimos, vamos caminhando e nos esquecendo de nossa história. Com isso a morte, que lá atrás nos foi essencial para nascermos e vivermos, torna-se agora ruptura cruel que nos irá tirar de uma vida com a qual já estávamos acostumados, e dela desfrutando. A morte se torna pavor, rejeição, e para alguns, a nulidade total, o fim de tudo. Esquecemo-nos de que foi por uma morte que ganhamos a vida. Por outra morte, certamente ganharemos nova vida. E com certeza, bem melhor do que a anterior. Mas isso não nos convence. Por isso tememos, e sofremos.

Por toda essa história poderemos compreender como algumas crianças lidam tão bem com a proximidade de sua morte, enquanto nós, adultos, entramos em pânico diante dela.

3.1 Condutas sugeridas

Diante de uma situação em que a própria criança é quem está à morte, algumas atitudes são muito importantes para ajudar neste período tão difícil, especialmente para os que ficam.

a) Buscar comunicação no nível em que a criança se encontra – O conhecimento das fases evolutivas da criança, somado ao de suas reações possíveis, pode balizar o comportamento dos adultos que a cercam. Não só parentes e amigos, mas, especialmente, os profissionais de saúde que a estão tratando.

O essencial é uma boa comunicação com a criança, de tal modo que ela se sinta segura e realmente amparada pelos que estão ao seu redor. Nada de disciplinamento, nada de regras e imposições. Um paciente em fase terminal não precisa mais de tanta disciplina. É absurdo privá-lo de alguns prazeres, que não lhe irão causar maiores danos, simplesmente porque "o seu estado não permite". Para decidir isso, há que ter bom-senso. Há que ter a segurança de que não será aquele comportamento que irá lhe causar a morte, pois a morte já está próxima. Que ela possa ser feliz no tempo de vida que ainda tiver.

Às vezes se proíbe que a criança seja tomada nos braços dos pais. Qual a razão? O que aquilo irá contribuir para a sua recuperação impossível? Mas certamente irá lhe trazer conforto e muita paz.

Por isso somos contra o isolamento de crianças em UTIs (também somos contra o isolamento de adultos), retirando-as do convívio de quem amam para deixá-las com os técnicos, que são muito técnicos, mas quase sempre não lhe darão o calor humano que seus pais e familiares poderão lhe dar. Afinal, UTIs e instalações semelhantes exigem muito de seus funcionários, não lhes deixando tempo para dar maior atenção aos pacientes, do ponto de vista afetivo e até humanístico.

Hoje já existem algumas UTIs infantis onde a presença de um familiar é permitida. Nesses casos, quem fizer companhia para a criança deve estar bem instruído e preparado para os trabalhos nessa unidade, inclusive para as cenas que poderão assistir – a reanimação de um paciente em parada cardíaca sempre é muito traumática para quem não está familiarizado com isso. Portanto, cabe à família escolher bem quem vai acompanhar a criança, para que não haja constrangimentos e atitudes que irão atrapalhar as atividades no CTI e, sobretudo, traumatizar a criança, se ela estiver consciente.

Toda a comunicação, verbal e não verbal, será extremamente importante neste momento. A verbal, utilizando-se termos totalmente compreensíveis pela criança. A não verbal, cuidando-se para que cada gesto seja recebido e compreendido pela criança enferma como atos de carinho e atenção.

O sábio é aquele que é capaz de se fazer compreensível pelo interlocutor que não sabe tanto. Costumamos dizer que o ignorante não é quem não entende o que falamos ou explicamos, e sim quem não se faz compreensível.

b) Guiar-se pelas perguntas da criança – Tudo que a criança pergunta, sempre deve ter resposta. Sem mentira, sem fantasias exageradas. Isso não significa que devemos ser frios, dizendo a verdade inteira, até com crueza, como ela é. Mesmo porque nem nós mesmos sabemos o que é a verdade. Pode-se dizer parte do que acreditamos ser a verdade, especialmente a menos dolorosa, mas nunca mentir. Em dúvida, é uma atitude sábia manifestar para a criança a sua incerteza. Isso será muito melhor do que mentir, inventar histórias, ou falar tolices. Se a criança questionar mais detalhadamente, não se deve temer respondê-la, mas seguindo-se sempre duas regrinhas básicas: a primeira, nunca ir além do que a criança pergunta, mas também não ficando muito aquém do que ela deseja saber. Como sempre, a virtude está no meio, e só quem tem sensibilidade e humildade é capaz de permanecer nessa posição. A segunda regra já foi vista, mas sempre é bom frisar: antes de responder, devolva sempre à criança a pergunta que ela fizer. Com isso será possível descobrir o que ela já sabe e entender melhor o que ela quer saber. Somente assim as respostas serão oportunas e adequadas.

c) Acolher e compartilhar sentimentos – Se a criança chora nunca se deve contradizê-la dizendo "Não chore". Acolha os seus sentimentos, dê-lhe contato físico, chore com ela, se tiver vontade. É importante que ela saiba que está cercada de pessoas e não de robôs e máquinas programadas para agir desta ou daquela forma. A espontaneidade é essencial para uma genuína interação. Se o adulto está triste, se está com medo, deve compartilhar com a criança esses ou outros sentimentos. Mas também afirmar-lhe que o amor é que nos leva a tais sentimentos. E que iremos trabalhar para superá-los, não havendo razões para que a criança se sinta responsável pelos sofrimentos do adulto. Pois outro ponto muito importante desta situação é exatamente o sentimento de culpa que se instala.

d) Cuidado com os sentimentos de culpa – Numa doença, especialmente quando se trata de um processo de muita gravidade, os sentimentos de culpa afloram em quase todos os circunstantes. Os pais se questionam "por que" tudo aquilo está acontecendo. Interrogam-se sobre o que fizeram para que agora seu filho esteja sofrendo e morrendo. Se, ao invés de doença, a morte ocorreu num acidente, os questionamentos são ainda mais acentuados, trazendo inoportunos e quase sempre irreais sentimentos de culpa.

Todos se questionam se foi buscado o atendimento correto, o melhor hospital, o profissional mais competente. Amarguram-se com os pensamentos de algum descuido anterior, culpam suas atividades profissionais ou sociais pela não detecção de uma doença em seu início ou, quem sabe, pela sua liberalidade em permitir que a criança fizesse coisas que vieram a lhe causar danos. Todavia, nesse momento nada disso tem a menor importância. Se fizeram, não há como corrigir agora. Contudo, quase sempre nada disso existiu, sendo apenas frutos de uma imaginação transtornada. A evidência de uma doença, de uma morte leva as pessoas a acentuarem, infinitamente, comportamentos habituais que sempre tiveram, mas, como não traziam qualquer problema, não eram motivo para apreensões. Todavia, ocorrendo um evento traumático, um acidente, reaviva-se o péssimo hábito de se ficar questionando: "por quê?" Hábito que somente leva os envolvidos a culpas e ressentimentos, fazendo-os criminalizarem comportamentos que sempre foram absolutamente usuais. Ou então se cobrar: "Se eu tivesse feito diferente..." como se todas as atividades pudessem ser previamente avaliadas para não produzirem maus resultados.

A pergunta "por quê?" deve ser substituída por "o que?" O que eu posso fazer agora, uma vez que já aconteceu o fato que estou vivenciando? Com certeza ela nos proporcionará mais caminhos para buscar soluções, sobejamente mais úteis do que a mera busca para encontrar "culpados". Por outro lado, o questionamento "Se eu tivesse..." é totalmente irreal, e fora de propósito. Afinal, se tivesse feito aquela coisa de outra maneira, que pode garantir que não teria havido danos muito maiores? Nunca se poderá saber, pois a outra opção não foi a escolhida. Isso nos recorda alguém que sofreu um acidente de ônibus e dizia no leito do hospital: "Se eu tivesse ido de carro, como pretendia antes, isso não teria acontecido!" Perguntamos: quem garante que, se ele tivesse ido de carro, não teria sofrido um acidente muito pior? Nesse caso estaria lamentando: "Se eu tivesse ido de ônibus..."

Assim sendo, não se deve gastar inutilmente energias que agora são bem mais necessárias para lidar com o que de fato aconteceu.

e) Cuidados com os outros filhos – Muitas vezes os pais, totalmente envolvidos com a doença de um filho, tendem a abandonar os demais que, no entender deles, agora não estão precisando de tanta atenção. Com isso podem gerar um sentimento forte de abandono e de ciúme. Podem levar os outros filhos a pensar que seus pais amam mais o que está doente do que a eles. Essa situação será muito agravada se o filho doente vier a morrer, pois seus irmãos poderão se sentir culpados por terem desejado isso, na ansiedade de ter de volta a atenção de seus pais.

Por outro lado, entre os filhos sadios algum poderá subitamente adoecer – por um mecanismo de somatização – buscando, com isso, receber também a atenção dos pais. Para se evitar tal situação, é importante que os pais e parentes fiquem atentos para não deixar as crianças sadias em abandono. Mais importante, porém, é que frequentemente conversem com elas, dando-lhes conta de tudo o que está se passando, fazendo-lhes ver a necessidade de algumas ausências dos pais e sobretudo levando as outras crianças para estar algum tempo com o irmão doente. Obviamente, dentro das possibilidades e desde que as crianças queiram fazer essas visitas.

Também não se pode perder de vista a idade das crianças para que toda a comunicação se faça de modo suficientemente compreensível para elas.

É preciso lembrar que o sentimento de culpa virá também para os pais, uma vez passado todo aquele evento trágico, pois eles se sentirão culpados por terem abandonado os que não estavam doentes, com as eventuais consequências que isso possa ter trazido.

Culpa é um dos sentimentos mais destrutivos do ser humano. Mesmo assim, não nos cuidamos de preveni-lo e, ao contrário, a todo momento estamos cultivando situações que resultarão em novas culpas – mesmo que tais situações não existam – com toda a destruição que esse terrível sentimento nos causa.

f) Conversar naturalmente com todos – Já dissemos que toda doença, especialmente as mais graves, desestruturam totalmente a família. E o fazem pelas radicais mudanças que provocam na vida rotineira das pessoas, pelo medo que trazem, relacionado com as transformações que poderão ocorrer. Mas também, e de modo bastante significativo, pelas consequências financeiras que representarão para a família. Numa sociedade capitalista em que tudo tem o seu preço, e quase sempre preço elevado, a perspectiva de gastos que poderão ultrapassar a capacidade de assumi-los é apavorante. Diante da doença de um filho, os pais não medem esforços para curá-lo. Contudo, muitas vezes os esforços que fazem são irracionais, especialmente com as fantasias de que devem buscar o melhor, supondo sempre que o melhor está somente nos serviços particulares. Mais grave ainda quando os pais acreditam, ou são induzidos a isso, que só em outros centros médicos, outras cidades, outros países, é que poderão encontrar tratamento eficaz para seu filho doente. Se em raríssimos casos isso possa ser verdade, na grande maioria tudo isso é pura lenda. Hoje, diante da agilidade dos meios de comunicação e transporte, dificilmente um equipamento, uma técnica ou um medicamento estarão fora de alcance das principais cidades. É relativamente comum famílias gastarem fortunas para levar o filho para um tratamento no exterior, e depois trazê-lo para ser sepultado na cidade de onde nunca deveria ter saído.

Nesse momento, o papel ético e humano do médico se impõe. É necessário que ele leve em conta as necessidades terapêuticas, mas também as condições econômicas da família. Deve procurar soluções alternativas sem que elas representem prejuízos para o enfermo.

Por tudo isso é necessário que todos os envolvidos, familiares e profissionais de saúde, dialoguem com franqueza e respeito mútuo.

Recordo-me de uma criança que atendi num hospital particular, vítima de gravíssima queimadura do 3º grau em quase todo o corpo. Queimadura que não lhe dava qualquer chance de sobrevida em qualquer parte do mundo. E naquele hospital havia um serviço de queimados que nada ficava a dever aos de qualquer outro país. O pai me procurou dizendo não ter mais que uma pequena fazenda, da qual tirava o sustento de sua família, mas estava decidido a vendê-la para que sua filha recebesse todos os cuidados necessários. Conversei carinhosa e claramente com ele sobre a realidade de sua filha. Propus então a transferência da pequena paciente para um hospital público, onde também havia um excelente serviço de queimados, que eu mesmo havia criado, mas onde já não trabalhava por ter-me aposentado. Expliquei a ele que ali trabalhava uma assistente minha, a qual assumiria o caso com a minha total supervisão, enquanto isso fosse necessário. E que nele sua filha teria os mesmos recursos para seu tratamento, sem que ele tivesse qualquer despesa. Acolhi com um abraço o seu pranto, e ele concordou com a transferência. Dois dias depois ocorreu a inevitável morte da criança. Passados alguns dias, aquele senhor me procurou para agradecer a conduta que havia tomado, e a forma pela qual o fiz. Naquele momento ele já estava bem consciente de que nada a mais poderia ter sido feito pela sua filha. E entendia que, se tivesse vendido sua propriedade para custear um dispendioso tratamento em caráter particular, não teria contribuído em nada para salvar a vida de sua filha. Além disso, teria perdido a fonte de sustento que tinha para si, sua mulher e os outros filhos.

É preciso que haja sinceridade de todas as partes para que se encontre o caminho mais viável para cada caso. Desconfiança mútua, agressividade, descontrole, somente servem para prejudicar a criança enferma, que deve ser o centro de toda atenção, assim como a sua família.

Por essa razão é tão importante a conversa aberta dos familiares entre si, e com os profissionais que cuidam da criança. É necessário que os responsáveis pela criança enferma não se deixem levar por amigos e parentes que chegam fazendo críticas aos médicos, aos tratamentos que estão sendo realizados, e propondo outras formas e outros profissionais – às vezes até curandeiros – como soluções mágicas.

Nesse momento, os pais e parentes mais próximos estão muito fragilizados e se tornam presas fáceis nas mãos de oportunistas e até mesmo de pessoas bem-intencionadas; porém, sem noção de limites ou de bom-senso.

Como afirmamos, é indispensável escolher um médico em quem se confia para o tratamento da criança.

Também é fundamental que se recorra à proteção divina, não para buscar milagres, especialmente em substituição ao tratamento médico correto, mas para pedir inspiração para os profissionais de saúde que cuidam da criança. Eles são os instrumentos que Deus utiliza para realizar seus milagres. Se alguém da família é descrente, que sua posição seja respeitada, sem atritos. Mas que a confiança dos que acreditam não seja menosprezada nem abandonada, pois o que importa é a criança enferma e não as posições religiosas desse ou daquele.

Nunca se pode perder de vista uma realidade inexorável: toda vida tem princípio, meio e fim. Nós não sabemos a extensão desse meio, se muito curto ou muito longo. Mas, de qualquer forma, a vida é frágil e um dia ela vai terminar. Nas palavras do grande médico e escritor Guimarães Rosa: "Viver é muito perigoso". Nem sempre toda a ciência médica, seja em nosso país, seja em países supostamente mais adiantados, é suficiente para curar uma doença considerada incurável. Portanto, assim como amamos a vida, devemos aceitar a morte. Ela é parte essencial de nossa existência. Todos morreremos um dia. Por que esse dia não pode ser hoje? Por que não posso ser eu, ou minha família, a ser visitado pela morte?...

Concluindo, deixo um texto que escrevi por ocasião da morte trágica, acidental, de Matheus, uma criança de 10 anos de idade, numa cidade do interior de Minas.

Reflexão: morrer cedo demais?

Na mitologia grega, o princípio de tudo era o Caos, o abismo insondável. Do Caos, nasceu Gaia (a Terra), Tártaro (as regiões profundas), Eros (o amor) e Nix (a noite). Gaia gerou Urano, que a fecundava continuamente, e entre seus filhos estava Cronos, o tempo. Que é, ao mesmo tempo, gerador e devorador. Ele cria, ele leva.

De Nix nasceram, entre outros, o Éter (o céu superior, onde a luz é mais pura), Gueras (a velhice), as Moiras (que teciam o fio da vida, sorteavam os que iam morrer e executavam a sentença), Hipnos (o sono) e Thánatos (a morte).

Em que pese ser a mitologia uma ficção, ela nos traz ensinamentos fundamentais para entendermos os grandes mistérios da vida.

Cronos, Éter, Gueras, Thánatos se entrelaçam durante toda a nossa caminhada nessa vida. Contudo, presos ao espaço e ao tempo que nos limitam e controlam toda a nossa existência, temos enormes dificuldades para compreender a transcendência do nosso próprio ser.

Só ilusão

Estamos colocados inexoravelmente dentro do espaço limitado, e dentro do tempo, com sua sequência implacável. Numa tentativa de nos libertar deste jugo irresistível, criamos fantasias que, pela sua persistência e consistência em nossa realidade têmporo-espacial, aparentemente deixa de ser fantasia, ilusão, quimera, tornando-se realidade concreta.

Passamos nossa vida medindo-a pelo espaço que ocupamos, e pelo tempo que vivemos. Os lapsos de tempo variam de acordo com a própria evolução da humanidade e das ciências que a modelam. Até bem pouco tempo, chamava-se de adolescentes quem estava entre 10 e 18 anos; de adultos, os que passaram dos 18, até alcançarem os 60; e de velhos, ou anciãos, os que haviam ultrapassado 60 anos de existência. Hoje, essas etapas mudaram totalmente as idades que as limitavam. Veremos isso ao falar dos adolescentes.

E dentro dessa divisão, faziam a fantasia (Buda chamava todas as nossas fantasias de "maia", que significa ilusão) de que a morte era algo destinado aos velhos. Foi até criada a expressão "pé na cova" para melhor defini-los, como se somente os idosos morressem.

Voltemos a Buda: ilusão! Vamos à Bíblia: Jesus aponta a ilusão do fazendeiro rico que se vangloriava com seus celeiros abarrotados: "Pobre tolo! Esta noite a morte levará a sua alma!" (Lc 12,20).

Se formos à Idade Média, ficaremos surpresos com reis que lideraram países e exércitos ao redor de 20 anos de idade. Alexandre Magno, nascido na Macedônia no ano 356 a.C., assumiu o reino da Macedônia aos 20 anos de idade, e conquistou quase todo o mundo conhecido de então, morrendo aos 32 anos. Bento IX foi eleito papa com pouco mais de 12 anos de idade (ano de 1032). O que então representa o tempo, senão ilusão?

Ficamos pensando em tudo isso, quando vemos uma criança, tão nova em nossa enganosa perspectiva do tempo, sendo vítima de um acidente, de uma doença súbita, de um defeito congênito não identificado, perdendo a vida.

Ficamos chocados contra o absurdo de tal fato, e muitos questionam revoltados: "Como pode uma criança morrer tão nova?"

A dor da perda

Como negar a dor que dilacera o coração de pais, irmãos, parentes e amigos quando a ilusão se faz realidade? Como enxugar as lágrimas tão legítimas de quem contempla, estarrecido, tal violência em suas vidas?

O sentimento de dor pela perda não tem lógica nem regras. Ele existe. Ele machuca. Ele causa sofrimento. Só quem o está vivendo é capaz de compreender a sua extensão. Por isso ele não precisa de consolo, e sim de solidariedade, de alguém que seja capaz de chorar junto dele, ao invés de lhe sugerir que pare de chorar. Nada significa o consolo de quem diz: "seja forte!", "aceite a vontade de Deus!" ou coisas semelhantes, totalmente sem sentido para quem sofre perdas como essa.

Ser forte, como? Que vontade divina é esta que devo aceitar, se um Deus-Amor – e este é o Deus em que acredito – é capaz de fazer tamanha crueldade?

A resposta é uma só: Não, Deus não quis nem nunca desejará nenhum mal, por menor que seja, aos seus filhos. Não há castigo vindo de Deus. Ele não precisa da pedagogia do castigo para nos ensinar. Se o mal existe, ele provém de nossas próprias ações. Como diz a sabedoria popular: "Quem planta vento, colhe tempestade!"

Mas, e quando não plantamos o vento? Por que colhemos terríveis tempestades? Esquecemo-nos de que o vento nem sempre foi plantado por nós, mas por outro humano igual a nós, que talvez nem saibamos quem foi. Contudo, a tempestade se forma numa extensão e com uma força muito maior do que a do vento. Por isso, o vento que não plantamos, pode sim, nos alcançar violentamente com a tempestade que se tornou. Tomando consciência disso, vamos concluir que, pelo menos de nossa parte, devemos fazer tudo para não plantar ventos, pois poderemos causar danos a muitas outras pessoas que nem sequer conhecemos, pelas tempestades que criamos.

Tempo da morte

A morte é filha da noite, é irmã da vida, é prima do amor. A morte é parte essencial da existência. Morremos, porque vivemos. E o tempo da morte não é cedo nem tarde. Ele simplesmente é. Morrem idosos, morrem adultos, morrem crianças. Esse é o ciclo da vida, do qual nenhum ser vivo escapa. Absolutamente nenhum.

Sofremos muito porque queremos possuir demais. Somos apegados, porque imaginamos o apego como a forma mais perfeita de amar. Mais uma ilusão que nos sufoca!

Ninguém pertence a ninguém, senão a si mesmo e àquele que o criou. Ele, que está fora do tempo, e por isso tem um dia como mil anos (2Pd 3,8). Fora do tempo não há crianças, adultos ou idosos; só existe a imortal individualidade, na qual todos são iguais, nem mais jovens nem mais velhos, por não haver, na eternidade, nem tempo, nem espaço. Realidade incompreensível para nós, ainda temporais e espaciais. Difícil, impossível de entender, e até mesmo de acreditar. Mas é a verdade. Ela está aí, continuamente diante de nós: no tempo e no espaço.

Muitas crianças partem cedo demais. Cedo, para o nosso dimensionamento do tempo. Mas, em Deus, nossa meta final e definitiva, onde todos um dia nos encontraremos, não existem crianças, jovens nem velhos. Todos simplesmente "são". E o são em caráter definitivo. Sem dores, sem sofrimentos, sem ontem e sem amanhã, sem pesares nem arrependimentos, sem desejos nem frustrações.

Todos os que já partiram estão na plenitude que todos nós, bem no fundo do nosso coração, almejamos usufruir. Mas que, na superficialidade de nossos pensamentos e de nossa razão, na pobreza de nossa fé, tememos e rejeitamos.

Aos que ficam, resta viver a dor. Que não é infinita. "Não há mal que sempre dure nem bem que nunca se acabe", ensina o povo. Sábio povo que tudo sabe!

Cronos – o Tempo –, que gerava seus filhos para em seguida devorá-los, agora também gera a dor, mas logo em seguida irá devorá-la, para nosso alívio. Com certeza.

Sendo assim, a saudade dolorosa de hoje, continuará saudade. Porém transformada numa saudade gostosa. Cronos se encarregará dessa transformação. Por enquanto, é necessário viver a dor e expressá-la, pois sem sua expressão, ela vira depressão. E depressão mata.

Viver no tempo, cultivar a vida que é um dom precioso, porém extremamente frágil, depois morrer, e só então viver eternamente. Essa não é uma ilusão. É a realidade que Cristo nos ensinou, quando dizia que só no Pai viveremos para sempre, pois "Deus não é Deus dos mortos, mas de vivos, uma vez que para Ele todos vivem!" (Lc 20,38).

2º tempo:
o adolescente-adulto

A adolescência é um dos períodos mais complicados da vida, pois se já não é mais criança, não lhe são admitidos comportamentos infantis. E não sendo ainda um adulto, são-lhe vetadas muitas coisas, quase sempre com uma observação como: "Você está muito novo para isso!" E o adolescente se vê diante de um impasse: o que eu sou realmente? E esse impasse é acentuado pelo fato de que até mesmo as legislações entram em conflito ao tentarem definir o adolescente.

O termo adolescente vem do latim *adolescere*, que significa alimentar, indicando sua necessidade de descobrir o mundo, "alimentando-se" de inúmeros novos conhecimentos. Mas também tem o significado de "crescer com dor", revelando suas angústias e suas dores diante das mudanças a que vai sendo submetido. Há quem afirme que nem o próprio adolescente sabe direito o que ele é.

No Brasil, de acordo com o Estatuto da Criança e do Adolescente (ECA), estabelecido pela Lei 8.069, de 13 de julho de 1990, considera-se criança meninos e meninas até os 12 anos de idade; dos 12 aos 18 anos, adolescente; e completados os 18 anos, já se torna adulto. Segundo o Código Penal, a partir dessa idade uma pessoa já se torna imputável penalmente. Ou seja, ela já pode ser responsabilizada pelos seus atos no âmbito criminal.

No judaísmo, acredita-se que um indivíduo do sexo masculino deixa de ser criança e se torna adulto quando completa 13 anos. Essa idade não foi escolhida aleatoriamente, mas com base no que determina a Torá ou Pentateuco judaico, que contém as leis do judaísmo. Nele indicam-se os 13 anos como o início da idade adulta para os homens. Para celebrar a passagem da infância à adolescência, os judeus realizam a cerimônia denominada Bar-Mitzva, há mais de 2 mil anos.

Contudo, em alguns países hoje já se propõe mudanças significativas para essa divisão etária com base em estudos científicos. Esses estudos demonstram que a puberdade, que estava convencionada iniciar-se aos 14 anos, quando uma parte do cérebro – o hipotálamo – ativava as glândulas hipófise e gônadas, liberando hormônios sexuais que alteram a estrutura corporal e fisiológica do corpo, está antecipada, pois esses estímulos já acontecem aos 10 anos de idade. Assim, a adolescência, que tinha início entre os 12 e 14 anos, também vem sendo antecipada, iniciando-se hoje aos 10 anos de idade. No outro extremo, pelo fato de os jovens estarem prolongando seu tempo de estudo além dos cursos universitários, e consequentemente adiando a idade média do casamento e constituição familiar, estudiosos estão propondo a extensão da adolescência para bem mais à frente, deixando de terminar entre os 18 e 19 anos, para chegar até os 24 anos de idade. Pesquisadores australianos, em artigo publicado na *Lancet Child & Adolescent Health*, em março de 2018, defendem esse prolongamento para estender a esses jovens algumas garantias sociais que se extinguem quando deixam a condição de adolescentes.

No Brasil, o IBGE, em 2013, deu o nome de "Geração Canguru" ao grupo etário que vai dos 25 aos 34 anos e que optam por continuar residindo na casa dos pais, até completar seus estudos e conseguir uma situação profissional mais estável. O que, de certa forma, estende a adolescência até os 34 anos, quando só então serão realmente adultos.

Entretanto, nessa discussão existem grupos de cientistas que não concordam com isso, pois estariam, segundo eles, oficializando a infantilização dos jovens por mais tempo.

Todo esse preâmbulo justifica o porquê de denominá-los **adolescentes-adultos**, o que nos permite refletir sobre a percepção que têm da morte, e como lidam com ela desde que deixaram a sua condição de criança, aos 10 anos de idade, até o seu limite extremo, ou seja, os 34 anos.

Falar sobre a morte, especialmente com jovens, é problemático. Acredito, porém, que disponibilizando textos objetivos e que tragam orientação adequada para pais e professores, esse verdadeiro tabu poderá ser derrubado, ou pelo menos contornado. Para o bem da saúde mental de todos.

1 Relação do adolescente-adulto com a morte

Pela sua própria condição de uma pessoa em mudança, sua postura em relação à morte passará também por transformações significativas. Na sua fase inicial, trará consigo toda a experiência vivida durante o seu período de infância. Depois, pouco a pouco vai amadurecendo suas experiências, culminado com sua passagem para a idade provecta.

Ainda próximo de sua condição infantil, ele não se preocupa com a morte, exceto quando se manifesta em sua proximidade. A morte de um familiar, a morte de um amigo, quase sempre o pega de surpresa, pois não se dava ao trabalho de imaginar essa possibilidade, que lhe parecia totalmente distante.

Também a morte de um animal de estimação já se torna motivo para questionamentos sobre essa realidade inseparável da vida. Contudo, por se tratar de um ser vivo, mas com características totalmente diferentes das humanas, o impacto maior será pela perda de alguma coisa com a qual tinha uma ligação afetiva grande. Todavia, isso nem sempre lhe proporciona conexão com a morte de uma pessoa querida.

Entretanto, a morte de um familiar, ou de um companheiro de folguedos ou de estudo, lhe causará um impacto bem maior, pois a morte de outro humano como ele reporta-o, ainda que subliminarmente, à sua própria morte. Haverá então um conflito emocional diante da perda de alguém que lhe era afetivamente muito ligado, e o questionamento sobre a possibilidade de aquilo acontecer com ele próprio. Afinal, nesse tempo peculiar de sua vida, a ideia de imortalidade permeia os pensamentos do adolescente-adulto. Não por desacreditar da morte, que não faz parte de suas considerações habituais, mas por sentir-se numa tal plenitude de vida, que o leva a acreditar ser praticamente inalcançável por ela. Resulta daí as dificuldades para conversar com ele, ou motivá-lo a ler e ouvir qualquer preleção sobre o tema. Tendo os olhos e a mente voltados para um futuro a ser conquistado, uma interrupção dessa trajetória não faz parte de seus projetos e tampouco é facilmente admitida quando advertido.

Se essa sua postura de negação e desvalorização de riscos poderá ajudá-lo a empenhar-se mais em conquistas, tanto laborativas como afetivas, por outro lado irá colocá-lo em situações de risco, pois o tornará temerário, impetuoso e pouco prudente em suas iniciativas. Especialmente quando recebe frequentes impulsos representados por elogios exagerados, incentivos oportunistas de quem quer tirar proveito de suas capacidades e energia, e também de familiares, que orgulhosos de suas conquistas, não se cuidam em moderá-lo com aconselhamentos adequados. Como consequência, ele se torna mais sensível às perdas, sejam quais forem, não as aceitando e reagindo mal a elas. Sua resiliência costuma ser pequena e isso o fragiliza no que diz respeito à valorização da vida, colocando em prova sua autoestima e interferindo perigosamente na qualidade de suas relações interpessoais. Esse conjunto de fatos, quando se amplia, pode inclusive trazer-lhe sérios riscos de suicídio.

Como já foi visto, ao falarmos da criança e a morte, dependendo da fase de desenvolvimento em que se encontra, também o adolescente-adulto não tem uma consciência exata da finitude da vida. Até tempos atrás, somente em torno dos 9 anos de idade a criança começava a ter a consciências dos três conceitos fundamentais da morte: a irreversibilidade, a universalidade e a não funcionalidade. Hoje, com a popularização do telefone celular em suas versões mais avançadas, em que as funções do falar e ouvir, que eram praticamente as únicas nele existentes, deram lugar para os vários aplicativos de imagens, jogos eletrônicos, especialmente aqueles em que matar adversários se torna um dos objetivos a serem alcançados, e outros recursos por meio dos quais a criança tem acesso a cenas vívidas de morte, muito ainda terá de ser investigado para se reestruturar as fases do seu desenvolvimento. Situação que, sem dúvida, é extremamente preocupante, uma vez que a queima de etapas, tanto para as crianças como para os adolescentes-adultos em suas fases iniciais, poderá deixar sequelas cujas consequências ainda não foram avaliadas em sua totalidade.

No dizer de Dal Mas Dias, a adolescência é uma identidade miticamente posta e determinada como crítica e problemática, sobre a qual pairam desconfianças e temores.

Outra questão de assustadora importância é a difusão do uso de drogas lícitas e ilícitas entre os adolescentes-adultos já em seus primeiros anos, especialmente nas classes sociais mais baixas, mas já se constatando, com frequência, nas classes socioeconômicas mais altas. A convivência desses jovens com grupos de marginais, aos quais faltam os mais rudimentares valores morais e éticos, a eles só importando o lucro com a comercialização das drogas, é avassaladora. Envolvidos por eles e com eles, passam a conviver com a morte, e a morte brutal, numa precocidade absurda, que acaba por vulgarizar a vida, a dos outros e a deles própria. A morte passa a ser algo corriqueiro em suas existências, tornando-os brutalizados, usando as drogas para se anestesiarem numa realidade massacrante, sem as quais não sobrevivem.

Com o descontrole e o total desrespeito à ética jornalística, agravadas pelas justificativas distorcidas e manipuladas sob o título de "liberdade de expressão", muitas das tragédias ocorridas em distantes comunidades da periferia são trazidas ao vivo e em cores para dentro dos lares, onde televisões de alta *performance* mostram, com detalhes mórbidos, toda a violência que antes parecia tão distante das famílias de classe média e alta. Assim, muitos adolescentes-adultos ainda em suas fases evolutivas iniciais são impregnados por informações que, se para um adulto já bem formado só causam rejeição, aos mais jovens tornam-se atrativos para a busca de aventuras. Verdadeiros desafios que precisam enfrentar para conquistar um lugar nos grupos que frequentam. E se justificam, dizendo numa expressão bem comum, que é para "alcançar bastante adrenalina".

Como consequência, as mortes nessa etapa da vida, que não eram tão frequentes, sendo quase sempre consequências de doenças sem tratamento adequado, hoje se tornaram comuns, alimentando cada vez mais as estatísticas de mortes entre adolescentes-adultos, especialmente pela violência.

Agrava essa situação a imaturidade dos adolescentes-adultos que se tornam inconsequentes e incrédulos dos riscos que correm, com o envolvimento sem limites e sem cuidados com o sexo, bebidas alcoólicas, drogas, tabagismo, tudo sob a justificativa de que é somente uma experimentação eventual, mas que nunca fica somente nisso. Em etapas mais avançadas, buscam a realização irresponsável de prazeres imediatos, estimulados por esses mesmos meios, quase sempre com explicações do tipo "Eu quero", "Eu não vou ficar dependente", "Uma vez ou outra não faz mal", "Eu saio disso quando quiser". Todas elas verdadeiras armadilhas para a captura irreversível desses jovens temerários.

Somam-se a essas situações as práticas desafiadoras, como os pegas ou rachas, em que colocam suas vidas em graves riscos, fazendo disputas em carros modificados ou motos em alta velocidade, pelas ruas da cidade ou em rodovias. Além do risco para suas próprias vidas, muitas vezes tiram a vida de pessoas inocentes, que nada tinham a ver com suas loucuras.

Também a prática de esportes radicais e disputas de alto risco, por vezes até sem usar equipamentos adequados de proteção, são situações em que a morte é desafiada, como se isso fosse realmente possível. Quase sempre, depois de algumas experiências bem-sucedidas, costumam se gabar, desafiadoramente: "Viram? Não tenho medo, não aconteceu nada, continuo vivo!" Até que aconteça o pior. Se não morrem, ficam aleijados e até inválidos para o resto da vida.

É necessário salientar-se que, nesse quadro apresentado, não são somente os rapazes que se envolvem em tais situações. Também as jovens adolescentes-adultas se sentem atraídas para esse tipo de vida "cheio de adrenalina", gostam da convivência com os rapazes que disputam a condição de mais corajosos, mais aventureiros, mais intimoratos. Acompanhando-os em pegas, por vezes também os seguem na invalidez absurda, na morte estúpida, ou se viciam em drogas, bebidas, estragando suas vidas. Pior ainda quando se entregam à promiscuidade sexual, engravidando-se precocemente e sem a menor condição de assumir um filho. Acabam recorrendo ao aborto, com grave risco de morte, ou então deixando para os pais a responsabilidade de sustentar e criar um filho, quando já estariam em tempo de se aposentar.

Para eles, a morte é algo distante; portanto, sem qualquer razão para se preocupar com ela. Até que chega, muitas vezes, bem mais cedo do que se pensa.

Felizmente, alguns adolescentes-adultos que se metem nessas aventuras, ao assistirem companheiros morrerem de forma trágica, ou ficarem inutilizados pelas lesões sofridas, repensam suas atitudes, afastando-se daquele grupo, no qual só os que não se intimidam podem permanecer. A morte sempre é uma professora de vida.

2 Atitudes de pais e mestres diante do adolescente-adulto e a morte

Na sociedade altamente competitiva em que vivemos, em que pais e mães necessitam trabalhar pesado para sustentar a família, a estrutura familiar tradicional ficou bastante comprometida. Muitas vezes os filhos têm pouco contato com os pais, faltando-lhes encontros em que possam conversar, trocar ideias, dando a eles a oportunidade de transmitir aos filhos suas experiências, e também ouvi-los em suas angústias, dúvidas e questionamentos.

Muitas vezes esses encontros, além de raros, tornam-se momentos para repreensões, cobranças, discussões. Compromete-se, com isso, todas as oportunidades para ajudar os filhos nesse tempo difícil de adolescente-adulto.

Por outro lado, alguns pais, receosos de se incompatibilizarem com os filhos, fazem concessões demasiadas, evitam chamar a atenção para os erros de seus filhos, além de imprudentemente tentar interagir com eles de igual para igual. Com isso perdem o respeito dos filhos e a autoridade que lhes é totalmente necessária para ajudá-los na difícil caminhada pela vida.

Muitos pais se gabam de "serem amigos dos seus filhos", desse modo cometendo um grave erro. É preciso que entendam que amigos são os amigos dos seus filhos. Eles são e devem se manter muito mais do que isso: são pais, e como tal devem proceder. O que não significa, em absoluto, usar e abusar de autoritarismo, prepotência, e às vezes até de violência para impor sua autoridade. Isso será tão ruim quanto o excesso de liberdade e igualdade com que tentam interagir com seus filhos. O que os adolescentes-adultos necessitam realmente é de um modelo sólido, um exemplo confiável e respeitável para seguir. Se os pais não se fazem respeitar, apresentando-se como esse modelo, certamente os filhos e filhas irão encontrá-lo nas ruas, entre pessoas que não têm nenhum amor e responsabilidade por aqueles jovens. As consequências disso estão aí para todos verem.

Nesses importantes momentos de conversa entre pais e filhos, a questão da morte é um assunto bastante necessário para se abordar. Boa parte dos adultos encontram enorme dificuldade para abordar esse tema, e ela é decorrente do fato de que nunca tiveram alguém para conversar com eles sobre isso. Hoje existem ótimos livros que tratam desse assunto, tornando-se indispensável para os jovens que seus pais busquem alguns desses textos para se informarem. Quem sabe lendo juntos e conversando sobre cada ponto que suscitar questionamentos. Certamente irão lucrar muito com isso, esclarecendo e aliviando suas angústias, e ganhando conhecimentos para conversar de forma adequada com seus filhos, na faixa etária em que estiverem.

Conhecer esse tema e conversar sobre a morte parece para muitos como alguma coisa mórbida, aterrorizante. Ledo engano. Desde que escolham livros adequados, com certeza descobrirão que conhecer e refletir sobre a morte é uma das melhores maneiras de se aprender a viver, feliz e plenamente.

Para selecionar esses livros ou artigos sobre o tema, é bom que se procure pessoas capacitadas para lhes fazer as melhores indicações. No final desse livro, deixaremos uma farta relação de bons livros para conhecerem e se aprofundarem nesse tema. Com certeza descobrirão um mundo novo e fascinante.

As escolas são também um espaço privilegiado para a discussão desse assunto. Grupos de estudos e debates podem ser formados, profissionais da área podem ser convidados a fazer palestras e conversar com os alunos.

Kovács (2003) demonstra que o treinamento de docentes pode facilitar o contato com a questão da morte, que, por sua vez, facilitará as análises críticas e os suportes emocionais para os alunos enlutados.

É curioso que em tempos passados o grande tabu era falar sobre a sexualidade, tanto nas famílias como nas escolas. Com isso, muitos erros e comportamentos inadequados foram cometidos pelos adultos de hoje, que tiveram de aprender sobre sexo nas piores fontes possíveis, em que a depravação predominava sobre a sexualidade sadia. E as consequências disso, a sociedade assiste, a todo o momento, com os meios de comunicação apresentando-a bastante distorcida, promíscua e libertina, em todos os tipos de programa, em todos os horários, sem qualquer respeito às famílias.

Hoje acontece com a morte o que aconteceu com a sexualidade no passado. Duas coisas absolutamente naturais e partes essenciais da vida, por falta de uma abordagem adequada e sem hipocrisias, estragam toda qualidade de vida de homens e mulheres.

De modo semelhante à sexualidade, os meios de comunicação estão vulgarizando a morte, transformando-a numa coisa corriqueira e que tira da vida toda a sua dignidade e beleza. A morte de um pai de família, baleado pelas ruas; outro, atropelado por motorista embriagado e em alta velocidade nas vias urbanas e nas estradas; uma criança definhando até a morte por falta de comida e saneamento básico nas comunidades de periferia; uma mãe de família tentando amamentar seu bebê faminto em seios murchos; guerras e ataques terroristas destruindo casas e dilacerando corpos humanos como se fossem bonecos; tudo isso se tornou corriqueiro, reduzindo a morte a coisa comum e sem maior importância. E o que é pior: quase sempre já nem comovendo a maioria das pessoas. Contudo, quando a morte irrompe abruptamente para dentro de nossa casa, levando uma pessoa querida, um familiar, um amigo, entra-se em pânico, desespera-se. Revoltam-se e bradam contra Deus – em quem talvez nem acreditassem – protestando contra a absurda e cruel injustiça cometida, como se Ele fosse o culpado de tudo.

Falar sobre a morte parece coisa despropositada, todavia quando aprendemos a conhecê-la em seus diversos aspectos, quando a entendemos como parte essencial da vida, passamos a conviver em paz com ela, sem medo e sem angústias. E, surpreendentemente, aprenderemos a viver melhor a vida, a valorizá-la e preservá-la em todos os níveis.

Geralmente os adolescentes-adultos não gostam de falar sobre a morte, pois, para eles, ela é alguma coisa muito distante. Muitas vezes os ouvimos dizer: "Morte é coisa pra velho!" "Não preciso, nem quero falar sobre isso agora!"

Contudo, é preciso que, de uma forma inteligente, os pais e mestres insistam nessas conversas, pois a morte não é "coisa para alguns", mas para todos os seres vivos, desde os vegetais, passando pelos chamados animais irracionais e chegando aos humanos. Todos, absolutamente todos, estão sujeitos à morte; um dia irão morrer, simplesmente porque estão vivos. Afinal, só os mortos não morrem, pois isso já aconteceu com eles.

Em minhas palestras, especialmente em grupos de jovens, costumava pedir que dessem uma olhada rápida em seu ombro esquerdo. Quando o faziam, eu perguntava o que tinham visto. A resposta era quase sempre a mesma: "Não vi nada". E eu repetia: "Olhem novamente, sem pressa e com mais atenção". Às vezes alguns diziam: "Tive a impressão de ter visto uma sombra..." E eu dizia: "Pois é! Quem viu uma sombra, viu a sua morte. E mesmo quem não viu nada, pode estar certo de que ela está permanentemente sentadinha no seu ombro. Se não no esquerdo, poderá ser no direito. Mas ela está sempre conosco, sentada em nosso ombro, esperando a hora de nos levar". Nesse momento, muitos riam e batiam as mãos nos ombros como se espanassem a morte para longe. E eu completava a brincadeira: "Não adianta bater, pois vocês não a alcançam. A nossa morte não nos deixa em momento algum, e por nenhuma razão!"

Isso pode parecer um tanto mórbido, mas não o é. Claro que não estava dizendo que ali sempre está uma esquálida senhora, ou um esqueleto vestido com túnica negra, tendo em sua mão uma foice afiada, aguardando o momento de nos ceifar. É apenas uma metáfora, uma alegoria dessa realidade indiscutível. Se tivermos consciência disso, certamente procuraremos viver sempre da melhor maneira possível, pois cada momento que estou vivendo pode ser meu último nessa vida. Sendo assim, que ele seja vivido da melhor maneira possível.

3 Atitudes do adolescente-adulto diante da possibilidade da morte

3.1 *Da morte de outrem*

a) Ocorrendo um acidente com amigos ou familiares, ou se uma doença fatal acomete a uma dessas pessoas, geralmente procura-se ocultar esses fatos, pelos menos temporariamente, ao adolescente-adulto de baixa idade. Porém, logo ele percebe que algo anormal está acontecendo em sua família. Mais evidente isso fica quando se trata de uma enfermidade mais grave, pois muitos comentários são feitos, ainda que com toda a discrição. Já vimos que nosso corpo é mais eloquente do que nossas próprias palavras, assim, logo ele irá perceber que a doença da qual fazem comentários é alguma coisa mais séria. Não lhe passará despercebido que, quando chega próximo de familiares que conversam a respeito, eles baixam a voz ou mudam de assunto. Tudo isso aguçará mais ainda a sua curiosidade e, por mais que pareça desligado do que está acontecendo, ele está bem atento. Irá então questionar seus pais ou familiares em busca de informações. Manifestará seu desejo de saber qual é o problema, trazendo com isso, muita angústia para todos, que na maioria das vezes não sabem como proceder. Por isso é melhor conversar abertamente com ele, informando-o de forma compreensível para a sua idade o que está acontecendo. Lembrando-se sempre de usar a tática de devolver as perguntas para tentar identificar o que ele já sabe, e responder sempre com objetividade e sinceridade o que ele perguntar. Evitar digressões para não ir além do que a ele interessa saber, naquele momento.

b) Se o problema ocorre com um familiar, a convivência do adolescente-adulto com o adoecimento de um dos pais, o agravamento da doença, o declínio físico e mental daquela pessoa com quem teve uma convivência intensa, habituado a vê-lo ativo e produtivo, é bastante desestruturante. Com a sua morte vêm as mudanças de rotina da casa, as mobilizações burocráticas acompanhadas ou não pelo adolescente-adulto, a reorganização familiar, tudo isso fazendo parte do processo do luto que deverá ser trabalhado, de preferência com um acompanhamento de um profissional especializado. Poderá haver repercussões negativas na produtividade escolar ou profissional, por isso a necessidade de um apoio adequado. Da mesma forma será importante um trabalho preventivo para que ele possa conhecer melhor o evento morte. Isso lhe dará uma base bem equacionada para lidar com todo esse verdadeiro furacão que subitamente atinge um jovem em desenvolvimento e sua família.

c) O adolescente-adulto questiona sobre os acontecimentos, seja com ele ou seus familiares. E ele tem o direito de receber respostas adequadas, e não subterfúgios, obviamente em linguagem acessível ao seu estágio etário.

d) Os adolescentes-adultos, especialmente os mais jovens, expressam sentimentos ambivalentes nessas situações, como tristeza e alegria. Somente aqueles com mais idade são capazes de compreender toda a extensão dos fatos e reagir coerentemente a eles. Contudo, se por outros problemas está vivenciando alguma instabilidade emocional, poderá ter comportamentos insólitos, ausentando-se, tendo crises de choro, tornando-se deprimido, e até recusando a envolver-se, de qualquer forma, com o que está acontecendo.

e) O adolescente-adulto, independentemente de sua idade, também passa pelas fases descritas por Kübler-Ross: negação, raiva, negociação, interiorização e aceitação. É importante que as pessoas que interagem com ele estejam bem a par dessas fases e de suas características, pois só assim poderão conviver melhor com ele, dando-lhe o apoio de que necessitará, de maneira correta para não agravar o quadro.

f) O adolescente-adulto, nos primeiros anos dessa sua fase da vida, pode expressar a vontade de unir-se ao familiar que está em fase terminal da doença, ou que já partiu, e com o qual tinha ligações afetivas mais profundas. Por isso é necessário que a família fique atenta para possíveis comportamentos suicidas.

g) Quando essas ocorrências surgem em seus primeiros anos da condição de adolescente-adulto, ele pode ter necessidade de um acolhimento mais apropriado, pois a perda – e até a possibilidade dela – de um familiar ou de um amigo especial pode lhe causar um enorme sentimento de desamparo.

h) Tanto na condição de ser ele o enfermo ou acidentado como na possibilidade de ser um familiar ou um amigo com quem tinha forte ligação afetiva, o adolescente-adulto pode desenvolver sentimentos de culpa, especialmente se acreditar que por desobediência, omissão, ou incapacidade de evitar o que está acontecendo, de alguma forma provocou ou contribuiu para o surgimento e desenvolvimento daquela situação.

3.2 *Conduta*

a) Cuidar para que toda comunicação se faça em um nível compreensivo para um adolescente-adulto, levando-se em conta a faixa etária em que ele estiver.

b) Especialmente com o adolescente-adulto, é muito importante conversar sobre os problemas que estão ocorrendo. Para isso, cuidar de guiar-se pelos seus questionamentos, mais do que fazer longas dissertações, que quase sempre não lhe dizem nada. Se ele não faz perguntas, cabe ao seu interlocutor fazer questionamentos que possam lhe dar a exata dimensão da compreensão que o jovem está tendo do que acontece. Mas com muita cautela para não parecer a ele uma intromissão inoportuna em seus sentimentos.

c) O acolhimento, e principalmente o compartilhamento de sentimentos, sem pieguice e com a máxima autenticidade, são fundamentais nesses momentos.

3.3 *Na perspectiva de sua própria morte*

Mesmo tendo-se a consciência de que a morte é um evento ligado inseparavelmente à vida, quando ela se anuncia para um adolescente-adulto, sua chegada é talvez a mais rejeitada e causadora de revolta de todas as suas visitas. De todas as etapas da vida, a condição de adolescente-adulto é a mais marcada pelo pleno vigor da pessoa. Em ativa construção de um futuro, ele e seus familiares sonham e fazem mil fantasias para a vida que se descortina em sua frente. Por isso o estupor generalizado quando uma grave e inesperada doença, um terrível acidente ou um crime brutal, atua como as mitológicas Moiras, cortando inexoravelmente o tênue fio da vida, apagando a chama que ardia intensa e luminosa.

Palavras de consolo nesse momento pouco ou nada valem. Preferível o silêncio de um abraço, as lágrimas que rolam na face, a presença solidária, para melhor expressar os sentimentos dos que se solidarizam com a dor dos que ficam. Com certeza ressoam bem melhor do que a pletora de palavras e chavões, que pouco ou nada penetram nos corações feridos de quem perdeu um adolescente-adulto.

Nas palavras de Esslinger e Kovács (1999): "Adolescentes já sabem o que pode provocar a morte e que esta é irreversível, mas, às vezes, parece que preferem ignorá-la, realizando ações arriscadas que buscam reafirmar o quanto são poderosos. A prática de rachas, esportes radicais sem proteção, as afrontas agressivas a grupos rivais, as fugas de casa, a pichação de muros e monumentos, os distúrbios alimentares, a liberdade sexual e o uso de drogas lícitas e ilícitas ilustram como adolescentes desafiam a morte para se aproximar da ideia que possuem de vida".

a) Todas as variadas perdas que temos durante a vida, são "mortes simbólicas", e além de algumas doerem bastante, são também excelentes lições para nossa caminhada nessa existência. Cada perda que nos ocorre é uma experiência e uma preparação para a maior delas que todos teremos um dia, que é a morte. Quanto mais jovens forem os adolescentes-adultos, mais sensíveis eles serão a essas experiências. Contudo, se nessas ocasiões soubermos lidar adequadamente com eles, estaremos ajudando-os para melhor enfrentarem a grande perda, que é a da vida – a sua própria, e a de pessoas queridas.

b) Da mesma forma que as crianças, o adolescente-adulto portador de uma doença grave tem consciência de sua condição, ainda que não a expresse claramente. É preciso estar atento às suas falas, pois muitas vezes é por via indireta que ele busca informar-se da gravidade e da evolução prevista para o que lhe está acontecendo. E é muito importante que a ele não se esconda nada. Afinal, é sobre a sua própria vida que estaremos falando. Sem exageros e sem mentiras, ele tem o direito de saber o que está acontecendo e as previsões que existem sobre ele e a evolução de sua doença. Muitas vezes uma conversa dessa natureza será mais bem desenvolvida por uma pessoa experiente, e que saiba como fazê-lo. Sem assustá-lo, mas também sem ludibriá-lo.

c) O adolescente-adulto percebe quando a sua condição piora, e isso não lhe deve ser negado, pois se tiver coisas pendentes que gostaria de solucionar, talvez alguma coisa sobre a qual gostaria de falar, a qualquer momento lhe deve ser dada a oportunidade para fazê-lo sem nenhuma restrição. Se numa atitude totalmente errônea não o deixam se expressar, muitas vezes sob a justificativa de querer preservá-lo, certamente isso será mais uma pesada carga de sofrimentos que lhe será imposta. Por vezes, os que cuidam dele negam-lhe esse direito de se expressar, simplesmente porque eles próprios não possuem estrutura, nem preparo para ouvir coisas que não querem, nem gostarão de escutar. Por isso o desrespeito ao lhe negar um direito que é totalmente seu. Se alguém não é capaz de escutar a pessoa que está próxima da morte, será mais honesto que chame alguém com capacidade para isso, ao invés de criar bloqueios para quem está precisando desabafar.

d) Estando na proximidade do enfermo, deve-se evitar o máximo possível manter conversações com outras pessoas, geralmente visitantes, e especialmente em cantos isolados ou em voz baixa para que o adolescente-adulto não os escute. É um grande engano pensar que o enfermo, que não querem que saiba o que falam, não esteja extremamente atento a tudo o que acontece ao seu redor, por mais que pareça o contrário. Nessas circunstâncias, o enfermo desenvolve uma audição muito mais acurada, especialmente quando é sobre ele que falam. Pode até estar com os olhos fechados parecendo dormir, mas seus ouvidos estão bem abertos e capazes de escutar qualquer sussurro.

e) A esse respeito, chama-se a atenção especialmente para as conversas havidas ao lado da cama de um enfermo de qualquer faixa etária, aparentemente em coma, ou dormindo profundamente. Existem trabalhos mostrando que pessoas que se recuperaram deram conta de vários comentários que foram feitos ao seu lado, quando estavam aparentemente inconscientes. Inclusive de médicos e enfermeiras que conversavam sobre a gravidade do mal que afligia àquele paciente. Mesmo que o enfermo tenha toda a aparência de estar fora de si, continuam com alguns mecanismos de percepção de tudo que o rodeia, inclusive "ouvindo" o que se fala, ou se sussurra perto dele. Sendo assim, não se deve falar nada junto do seu leito, que ele não possa ouvir. Todavia, conversar com ele, dizer-lhe coisas positivas, inclusive de incentivo para superar aquela situação, pode e deve ser dito. Registro casos de pessoas que saíram do coma, depois de longo tempo, contando que conseguiram recuperar-se porque pessoas amigas e familiares, quando a visitavam, conversavam com ela, mesmo sabendo-a inconsciente, sussurrando-lhe que reagisse, que lutasse para superar aquela situação. Com isso ela se sentia amada e estimulada, o que a ajudou em sua recuperação. Não se pode, em nenhuma circunstância, ignorar ou desprezar o consciente profundo das pessoas, especialmente em situações como essa, quando ela se torna mais perceptiva e mais sensível a estímulos externos.

f) Sem dúvida, a morte de um adolescente-adulto é muito traumática para a família e para os amigos mais próximos. Para elaborar essa perda, vem o luto, que é um processo físico, fisiológico, mental, emocional e espiritual, destinado a ajudar na superação de todas as dores e sofrimentos decorrentes de uma perda, seja ela qual for. Quanto maior é a perda, maior é a dor, mais elaborado será o luto.

Em grandes perdas – e a maior delas é sempre a morte de uma pessoa querida, especialmente em circunstâncias especiais, como a morte súbita ou a de uma pessoa jovem –, logo após o evento trágico, familiares e amigos dizem que aquela dor nunca vai acabar. Contudo, como já foi dito, vivemos numa condição em que tudo e todos são impermanentes, portanto, nem a dor nem o sofrimento serão permanentes. Se demorarem demais, quem sabe pelo resto de nossas vidas, é porque não trabalhamos para extingui-los. Ou por não saber como fazê-lo, ou porque temos ganhos secundários com eles, e assim optamos por preservá-los.

O luto pode ser trabalhado e, nas situações em que ele se manifesta mais acentuadamente, dura em média dois anos. Mais do que isso é sinal de que não se está fazendo o que é possível para transformar uma saudade dolorosa numa saudade gostosa. Para os que se interessarem em encontrar caminhos para fazer isso, indicamos a leitura do nosso livro *Luto: como viver para superá-lo*, também da Editora Vozes.

3º tempo: o idoso

Em nossa cultura existe uma estreita relação entre a velhice e a morte. É como se apenas aos idosos fosse dado morrer. Chega-se mesmo a dizer, para mostrar como uma pessoa é idosa, que ela "está com um pé na cova". Contudo, de modo curioso, as estatísticas demonstram que, proporcionalmente, morrem mais jovens do que idosos. E isso é facilmente compreensível se observarmos que a evolução da medicina preventiva, tanto quanto da curativa, proporcionaram maior expectativa de vida com qualidade para os idosos. Em compensação, com o desenvolvimento de máquinas e equipamentos cada vez mais rápidos e com maior espectro de riscos, os jovens, a quem quase sempre cabe utilizá-los, se expõem a perigo de acidentes e de morte com maior frequência. Some-se a isso o ímpeto e até mesmo a imprudência da juventude e entenderemos os resultados das estatísticas a que nos referimos. Isso foi demonstrado no espaço destinado ao 2º tempo.

1 Quem é o idoso

Como explicado na apresentação deste livro, a palavra que melhor define a pessoa com mais tempo de vida é *idoso*. Por isso, ela será usada em todo o texto que se segue, abordando sua relação com a morte.

Considera-se idoso, em nossa sociedade, quem já passou dos 60 ou até mesmo dos 65 anos. Contudo, observa-se que muitas pessoas acima, e até bem além desses limites, encontram-se bastante saudáveis e atuantes em suas comunidades, ampliando-se para eles a expectativa de vida. Isso faz com que o número de pessoas com mais de 65 anos de idade aumente significativamente, existindo hoje vários países com predominância da população idosa. Se a idade vetusta, para algumas civilizações, especialmente as orientais, é sinal de sabedoria – portanto um valor positivo – para a cultura ocidental isso não é o usual. Habitualmente o idoso é visto como um pesado fardo para a família e para a sociedade, ou, quando nada, como um problema complicado para todos.

Até mesmo por uma questão de semântica, a velhice é relacionada com a decrepitude e, consequentemente, com a morte. Senescente, palavra que define aquele que está envelhecendo, é etimologicamente ligada à palavra senil, que além de idade avançada refere-se à fraqueza, à debilidade, a doenças degenerativas.

Contudo, se bem elaborada, a senescência se torna um período de enorme riqueza interior. Afinal, por mais árdua que tenha sido a vida, mais ela se torna enriquecedora do futuro, quando poderemos olhar para trás e ver que a maior e mais legítima fortuna que acumulamos foi exatamente a história que construímos, e que vivemos.

Entendendo-se assim a idade avançada, busca-se a solução de antigos conflitos, tendo em mira encontrar novo sentido para a vida, o que se torna uma autêntica preparação para a morte. Dessa forma se alcança a integração pessoal e a verdadeira sabedoria.

Por outro lado, negando-se a trilhar esse caminho, o resultado será um sentido de desesperança provocado pela insatisfação com tudo aquilo que se fez, e especialmente com o que não se fez, enfrentando-se agora a realidade da falta de tempo e de energia para realizar o que faltou.

2 O idoso aceita melhor a morte?

Apesar do que foi visto, há curiosamente um certo consenso em torno da ideia de que os idosos aceitam melhor a morte do que os mais jovens.

Kalish apresentou três motivações para que tal aconteça:

a) Idosos aceitam melhor a morte porque tiveram tempo suficiente para viver plenamente a vida;

b) Idosos têm a oportunidade de contemplar e de se envolver com um maior número de eventos tanáticos (ligados à morte), o que lhes traz certo conforto diante dela;

c) Idosos tendem a considerar suas vidas menos valiosas do que as dos jovens, e assim não se apegam a ela. Soma-se a isso o medo que têm de uma invalidez, de isolamento e solidão, de dependência, para as quais a morte seria até uma solução.

Essas observações, feitas em pessoas anglo-saxônicas, nem sempre se aplicam totalmente à realidade latino-americana, especialmente a primeira motivação. Se ela é real em nosso meio para uma pequena faixa da população, econômica e socialmente bem situada, para a maioria o que fica é uma grande frustração pela existência não vivida como desejariam. Podemos inclusive substituir essa motivação por certo desânimo, por um cansaço de lutar sem obter resultados e ganhos significativos. Portanto, numa sociedade com tantas desigualdades socioeconômicas, precisamos de um modelo próprio para melhor atender aos pacientes geriátricos que se veem diante da morte, concreta ou fantasiosamente, levando-se em conta a sua história de vida e a sua condição social.

3 Necessidades básicas do idoso

Cook e Oltjenbruns identificaram quatro necessidades básicas para os pacientes geriátricos ao enfrentarem a morte, as quais se aplicam, na realidade, a todos os idosos, incluindo os que estão relativamente saudáveis. São elas:

1) Manutenção do sentido de si mesmo;
2) Participação efetiva nas decisões relacionadas à sua doença e à sua vida;
3) Certeza de que a sua vida ainda tem valor para os seus;
4) Tratamento e cuidados adequados.

Analisemos cada uma, mais detalhadamente.

1) O sentido de si mesmo – Diz respeito à manutenção da autoestima, que é sem dúvida um dos pontos essenciais na avaliação dos idosos. Aqueles que trazem uma história de autodesvalorização são pessoas mais difíceis de trabalhar, pois não há neles qualquer motivação para ser feliz.

Portadores de um automandato do tipo "não seja feliz", sempre encontram razões para justificar seus sofrimentos, que consideram como incontornáveis e até mesmo merecidos. E se esses não forem suficientes, com certeza procurarão criar situações que os aumentem. E quase sempre se comportam evitando ou até rejeitando a presença e a ajuda de pessoas que se dispõem a fazê-lo.

Para trabalhar a autoestima, é necessário buscar a história de vida do idoso, levando-o a uma reformulação de conceitos pessoais e de atitudes. Reavaliar fatos acontecidos, buscando valorizar cada um deles em contraposição a uma autocrítica muito feroz. Tudo isso irá contribuir para permiti-los encontrar uma nova postura diante da própria imagem. Muitas vezes as pessoas vivem em função de uma autoimagem que lhes foi imposta na infância e na juventude pelos seus educadores e depois reforçada por companheiros de trabalho, e pela própria vida. Coisas como "você é burro!", "você é preguiçoso!", ou então o oposto: "você é brilhante!", "você será um grande homem!" Imagens que não correspondiam à sua realidade, mas que acabavam sendo solidificadas e mantidas à custa de muito sacrifício, e até mesmo de anulação de sua autoestima e de sua própria felicidade. Sacrificando seus próprios desejos e interesses, procurava ser aquilo que diziam ou esperavam dele. Chegando à condição de idoso, é fundamental reverter esse processo, mesmo que não se tenha tempo ou oportunidade para fazer ou refazer muitas coisas – pelo menos que se tente lograr uma nova forma de viver a vida, enquanto vida tiver.

Como parte desse processo, é de fundamental importância que se desenvolvam atividades passíveis de serem realizadas pelo idoso, dando-lhe a sensação de que ainda tem alguma capacidade e pode ser útil. E também proporcionar a ele a oportunidade de viver a vida que lhe resta em sua própria casa, cercado de pessoas que ama e num ambiente que lhe é familiar. Quando isso não for possível, que se procure uma instituição asilar em que ele possa ter a sua individualidade respeitada, ao invés de torná-lo apenas um número de leito, de prontuário. E onde possa desenvolver atividades compatíveis com sua condição.

• Observação importante: ressaltamos a urgente necessidade de uma política governamental objetivando a criação e manutenção de instituições decentes e bem administradas para o acolhimento de idosos sem condições econômicas e sem abrigo familiar. É necessário também estimular a iniciativa privada para criar casas semelhantes, em caráter particular, contudo com custos razoáveis para as pessoas da classe média que não têm uma aposentadoria suficiente para custear as já existentes, que geralmente têm custos mensais muito acima do que a maioria da população idosa pode arcar, sendo totalmente inviáveis para quem não quer ou não pode ficar dependente de seus familiares, nem morar em suas casas. Uma solução razoável seriam parcerias público-privadas, com a instalação de casas com subsídios governamentais, que reduziriam bastante os custos para os usuários. Entre outras vantagens, haveria uma redução de gastos em assistência eventual desses idosos, especialmente com ocupação de leitos hospitalares. Idosos bem cuidados estariam mais resguardados de adoecer e de necessitar cuidados médico-hospitalares, de custo muito mais elevado para a Previdência Social, consequentemente para o governo.

2) Participar das decisões relativas à sua vida e à sua doença – Isso é importantíssimo para o idoso, especialmente na ocorrência de uma moléstia grave. Em nosso meio ainda prevalece, para muitos profissionais, e com o apoio da família, o ocultamento da verdade ao enfermo. Por mais que se tenha mostrado, nos últimos anos, a falácia desse comportamento, muitos ainda insistem em mantê-lo. E o justificam através de duas falsas premissas:

a) O paciente não sabe nem quer saber a respeito da gravidade de sua moléstia;

b) O conhecimento da verdade somente servirá para deprimir o enfermo e agravar o seu quadro.

Certamente essas premissas estão mais em conformidade com a defesa inconsciente do profissional, que não quer se confrontar com as emoções do enfermo, e com as suas próprias emoções, que certamente irão aflorar incomodamente.

Uma vez conhecedor da realidade, é fundamental que se respeite a vontade do enfermo quanto às condutas em relação a ele. O papel de "deuses", que durante muito tempo os médicos tentaram exercer, assim como o de tutores, que os familiares procuram assumir, já não tem mais lugar. A vida é do enfermo e somente a ele cabe decidir a seu respeito. Daí a importância de tanto ele como os familiares mais próximos estarem bem-informados de tudo o que se passa com o enfermo, e a possível evolução do seu processo, para que suas decisões sejam as mais corretas possíveis, e nunca intempestivas. Obviamente isso não significa que se deve concordar com tudo o que é manifestado pelo enfermo, que deve ser ouvido com respeito, mas limitado pelas suas condições mentais, emocionais e físicas. Um exemplo importante é a questão da eutanásia, que merece conhecimento mais aprofundado, distinguindo-a com clareza do que se chama autanásia ou orthotanásia, que são totalmente diferentes. Para isso remetemos o leitor ao nosso livro *Sobre o viver e o morrer*, também da Editora Vozes.

3) *Ter a certeza de que a sua vida ainda tem valor* – Isso é indispensável para que o idoso sadio mantenha a autoestima, e para que o paciente geriátrico colabore com o tratamento e apresente reações favoráveis à evolução de seu processo. Se a própria idade avançada já traz uma sensação de desvalorização perante os outros, a associação de uma doença grave ou até mesmo o medo de adquiri-la pode agravar essa sensação.

O isolamento do idoso, agravado pelo abandono dos familiares que nunca têm tempo para visitá-lo em asilos ou instituições hospitalares, traz um profundo sentido de autodesvalorização que só irá contribuir para piorar a sua saúde e qualidade de vida. Afinal, deve ser função do médico dar *qualidade* de vida e nunca *quantidade* de vida a qualquer custo. Assim como é dever da família organizar um esquema de forma que os que lhe são mais próximos possam visitá-lo com frequência. É óbvio que nos dias atuais são muitas as dificuldades para os familiares irem sempre aos hospitais ou asilos dar assistência ao idoso ali internado. Contudo, sempre é possível fazer uma escala, de modo que ninguém fique sacrificado em demasia e o idoso não fique nem se sinta abandonado.

Até mesmo uma vida sexual ativa, dentro das possibilidades e desejos do idoso, contribui efetivamente para a consciência de que a sua vida ainda tem valor. Já vai longe, e felizmente, o tempo em que se considerava um absurdo o idoso pensar em ter vida afetiva e sexualmente ativa.

Contudo, é também necessário que não se cobre nem se induza estimulações artificiais dessa atividade, uma vez que qualquer insucesso nas expectativas criadas poderá gerar mais frustrações e depressão.

Para melhor entender essa colocação é preciso que se compreenda a afetividade e a sexualidade não necessariamente como o intercurso sexual, mas até mesmo pelo simples toque, pelo contato físico com a pessoa amada.

Em tempos nos quais a sexualidade cada vez mais se resume ao genitalismo, essa distinção é fundamental à saúde psíquica do idoso, muitas vezes incapaz de acompanhar as sugestões que a mídia e as rodas de conversa frequentemente lhe impõem. Especialmente com a propaganda descontrolada de produtos que ficticiamente o ajudariam a ter maior atividade sexual, mas cujo efeito é, na grande maioria, pura enganação, servindo apenas para dar bons lucros aos vendedores.

É, portanto, fundamental que se demonstre claramente ao idoso sadio e ao enfermo geriátrico que eles continuam valorizados e amados, que eles são importantes para os demais e que ainda podem encontrar alegria e felicidade no tempo de vida que tiverem.

4) Tratamento médico e assistência adequados – É não só uma necessidade do idoso, mas sobretudo um direito seu e um dever da sociedade e do Estado.

O idoso não é um "parasita" que se deve rejeitar, mas, sobretudo, alguém que construiu o mundo que hoje desfrutamos. É preciso que se aprenda a ter a consciência de que, de certa forma, devemos aos idosos tudo o que temos hoje. Por isso, cuidar bem deles não é um favor, mas uma obrigação.

4 Estamos num mundo melhor

Por natureza somos levados a reclamar sempre de que hoje as coisas não vão bem. Os filhos reclamam dos pais, o povo reclama do governo. Contudo, cabe algumas perguntas: você gostaria de viver na Idade Média? Quem sabe no primeiro milênio?

Ou na idade da pedra? Se pensarmos só um pouquinho vamos descobrir que, apesar de todas as mazelas que a humanidade enfrenta nesse terceiro milênio, vivemos hoje com muito mais qualidade do que tiveram nossos antepassados, especialmente os mais afastados no tempo. Temos mais recursos para nos proporcionar segurança e qualidade de vida. Se bem não os aproveitamos é porque não sabemos fazê-lo. Frequentemente queremos muito mais do que necessitamos e do que podemos ter. Por isso reclamamos, por isso sofremos, por isso não somos felizes como poderíamos ser.

Percebendo que na evolução da humanidade as coisas mudaram muito, e para melhor, temos que agradecer tudo isso aos nossos antepassados que lutaram, descobriram e construíram o que temos hoje. Os idosos são exatamente aqueles que nos estão deixando todas as comodidades, tudo aquilo que pela rotina de seu uso não percebemos claramente, nem valorizamos adequadamente.

Assim sendo, os idosos merecem ter incondicionalmente, nessa fase da vida, a paz e a tranquilidade que pouco se tem, quando estamos em plena atividade de trabalho e de conquistas.

Como é revoltante encontrar filhos adultos que exploram os pais até o último centavo, que se dedicam apenas a desperdiçar sua juventude, sua energia, tudo aquilo que receberam de seus pais, sem nunca se ocuparem na construção do seu próprio futuro. Como é triste observar homens e mulheres de cabelos brancos, trabalhando muito além das forças que ainda lhes restam, para sustentar filhos, até mesmo casados, que não se envergonham de continuar a ser um peso para os pais.

Completado o tempo usual de trabalho, é justo que o idoso receba, com toda a segurança e conforto, o tratamento e os cuidados que lhe são devidos. Não por favor ou caridade, mas pelo mérito exclusivo de sua idade, de sua história de vida, pelo muito que já fez, e agora nos está deixando.

Infelizmente a nossa sociedade ainda não se deu conta disso. Os jovens e adultos que se encontram em plena atividade se esquecem de que um dia serão eles os idosos, carentes de atendimento adequado. Serão eles os idosos, exatamente como os que hoje muitos ironizam ou desprezam.

5 As perdas que o idoso sofre

O idoso, pelo próprio tempo prolongado de vida que tem, experimenta muitas perdas, algumas delas tão ou mais dolorosas do que a perspectiva da sua própria morte. Uma enfermidade mais grave de um familiar, ou mesmo em algum amigo mais querido, representa para ele uma causa de sofrimento intenso. Também outras perdas, não necessariamente a morte de alguém, o fazem sofrer muito, amargurando os seus dias finais, que sem dúvida deveriam ser de despreocupação e tranquilidade.

Segundo Kastenbaum, o idoso experimenta perdas em maior número, variedade e rapidez do que qualquer outro grupo etário. Assim sendo, ele acaba literalmente afogado em perdas, não encontrando tempo suficiente para elaborar e superar totalmente cada luto que vivencia.

Relembrando que o luto, aqui, é tomado como o trabalho de elaboração de qualquer perda significativa. Como a morte é a grande perda, por analogia denomina-se *luto* ao trabalho interior ou exterior que se faz para a superação decorrente de qualquer perda significativa no decorrer da vida.

As perdas que se acumulam para o idoso podem ser distribuídas em cinco grupos:

a) Doenças crônicas e limitações físicas;
b) Morte de cônjuge, amigo ou parente próximo;
c) Morte de um filho ou neto;
d) Morte de um animal de estimação;
e) Perdas materiais significativas.

Analisemos cada um desses itens.

a) Doenças crônicas ou limitações físicas – São mais frequentes entre os idosos do que em quaisquer outros grupos etários. Hipertensão arterial, cardiopatias e pneumopatias, obstruções vasculares e certas formas de câncer, apesar de não serem necessariamente fatais, trazem um grande desconforto e limitação para os seus portadores, que, querendo ou não, permanecem como se estivessem com a espada de Dâmocles sobre a cabeça. E as doenças mentais, especialmente as que provocam o esquecimento de fatos, nomes e datas, algumas delas com o retorno do que foi esquecido após alguns instantes e com a consciência da pessoa de que havia se esquecido. Essa característica distingue as mais brandas da mais grave, que é o conhecido Mal de Alzheimer, no qual o apagamento da memória é definitivo. São formas de degeneração mental que, no dizer de Toynbee, representam "a morte prematura do espírito num corpo humano que permanece fisicamente vivo".

b) A morte de um cônjuge, amigo ou parente próximo – Essa perda representa para o idoso algo muito mais doloroso do que para outros grupos etários. Especialmente porque, em primeiro lugar, ele vê partir alguém do seu grupo, o que lhe remete à sua própria fragilidade e possibilidade de morrer. Mas, e não menos importante, porque ele perde companheiros significativos, muitas vezes seguidos de outros, o que acaba por deixá-lo só em relação às pessoas com quem compartilhava a sua vida, de igual para igual. Esse estado de tristeza e solidão é muito especial, raras vezes sendo contornado, mesmo com a assistência permanente de parentes e amigos mais novos.

Não são raros os casos de uma pessoa morrer e, quase em seguida, o seu cônjuge, com quem se relacionava de modo muito próximo, vir também a morrer, às vezes até sem uma causa mais evidente. Cremos ser possível definir isso como sendo o "morrer de saudade". Literalmente.

Para esses casos, a conduta ideal é a participação em grupos de pessoas de idade equivalente e vivenciando a mesma situação, nos quais se trabalha o luto, ajudando-os a descobrir sentido na vida, ainda que vivendo só. E um sempre amparará o outro nessa descoberta.

c) A morte de um filho ou neto – É um drama ainda maior para o idoso. A ordem natural das coisas diz que "aos filhos cabe enterrar os pais". Quando ocorre o oposto, é como se houvesse uma dura violência contra essa ordem natural. Geralmente os pais, e principalmente os avós, questionam amargamente: "Por que ele, que tinha toda uma vida pela frente, e não eu que já vivi o suficiente?"

Tal questionamento também pode levar a sentimentos de culpa, quando o idoso questiona o que ele teria feito, ou o que deixou de fazer para que tal fato acontecesse.

Esse é como um padrão de comportamento dos seres humanos diante de um acidente, uma tragédia, mesmo quando não ocorre a morte de alguém. Para todas as situações dolorosas, especialmente as inesperadas e as acidentais, há uma necessidade imperiosa de se buscar um "culpado". Essa é, mesmo inconscientemente, a principal motivação dessa pergunta tão inútil e inoportuna que se faz quando se enfrenta um sofrimento intenso: POR QUÊ? E o pior é que nessa procura de uma razão lógica para aquele fato, mesmo que não exista culpa alguma, quase sempre se acaba por descobrir um "culpado". E na maioria das vezes, identificando-o em si mesmo. Uma dura autocrítica encontra, nas suas atitudes mais inocentes, uma explicação para o inexplicável.

Por essa razão, deve-se trabalhar com essas pessoas para que substituam a pergunta POR QUÊ? por outra bem mais importante e produtiva: O QUÊ? Ao invés de buscar um culpado – que sempre exige uma punição quando é encontrado – deve-se perguntar o que se pode e deve fazer para atenuar aquela dor, uma vez que o fato já se consumou. Assim fazendo, quase sempre se encontram caminhos para, quem sabe, dar uma solução para o que aconteceu, quando isso ainda é possível. Ou, se não for, encontra-se o consolo, que permite a abertura de janelas para uma liberação do sofrimento.

O sentimento de culpa é um dos mais destrutivos, podendo levar a pessoa ao que chamamos de **suicídio endógeno**. Como ao culpado sempre cabe alguma punição, identificando-se a si própria como culpada, a pessoa inicia um processo de autodestruição, que pode chegar a um bloqueio total dos seus mecanismos internos de defesa. Uma depressão imunitária acompanhará o quadro psicológico depressivo e favorecerá o aparecimento de doenças graves, destrutivas, que poderão levar até à morte aquela pessoa. É como uma pena de morte que ela mesma se dá. Nosso consciente profundo tem uma força muito grande que devemos procurar usar sempre em nosso favor, e nunca para nos punir.

Outro aspecto problemático no falecimento de filhos surge quando aquele que morreu tinha o pai ou a mãe, idosos, sob a sua responsabilidade de manutenção. Nesse momento surgirá o angustioso questionamento sobre quem irá se responsabilizar pela guarda dos que ficaram, os quais provavelmente não terão condições para sobreviver sozinhos. Aqui voltamos a ressaltar a importância de instituições apropriadas para o acolhimento de idosos, praticamente inexistentes em nosso meio.

Outro agravante ocorre quando quem morre tem filhos menores e passa aos avós, já idosos e nem sempre com condições adequadas, a responsabilidade da criação dos netos órfãos.

Todas essas são situações que, mesmo não tendo acontecido, e talvez nem havendo perspectivas concretas de virem a acontecer, afligem os idosos. Em suas fantasias e preocupações, imaginam o que será de suas vidas, se isso vier a ocorrer, tornando-se mais uma causa de sofrimento para eles.

d) A morte de um animal de estimação – O que em nosso meio até há pouco tempo poderia parecer um fato de pouca importância, hoje assume grandes proporções, pois as mascotes se tornam quase mais importantes do que os próprios membros da família.

Considerando a solidão em que hoje vivem certos idosos, os animais de estimação assumiram fundamental importância em suas vidas, e no sentido de vida dessas pessoas. Perder aquele animalzinho que por anos a fio lhe fez carinhosa companhia será como perder a própria vida. Situação que é agravada pela falta de solidariedade e compreensão dos amigos e parentes, muitos totalmente desinteressados em animais domésticos. Por essa razão eles desvalorizam a perda sofrida, chegando a ridicularizar, insensivelmente, o sofrimento daquela pessoa idosa que mais uma vez voltou a ficar sozinha.

Trabalhar aquela perda, admitindo-se e respeitando a intensidade da dor sofrida por quem passa por ela, incentivando até mesmo os rituais fúnebres do animal, é de enorme importância para ajudar essas pessoas a superarem a perda. Só assim poderão readquirir a alegria de viver, quem sabe até mesmo buscando outra mascote para preencher aquele espaço vazio.

e) Perdas materiais significativas – Especialmente num país como o nosso, onde em grande parte os planos de aposentadoria são absurdamente irrisórios, isso atinge seriamente os idosos. Por causa da insegurança quanto à credibilidade, a longo prazo, dos planos privados, todas as pessoas se preocupam, durante o seu tempo de vida útil, em conseguir um patrimônio que lhes proporcione um rendimento estável e o mais seguro possível. Com isso procuram garantir a própria subsistência e sobrevivência, sem depender de terceiros.

Ocorrendo uma perda significativa nesse patrimônio, seja por qual razão for, o idoso certamente sofrerá mais do que com a ideia da própria morte. Afinal, com ela seus problemas até terminariam. Já com a perda de um patrimônio necessário, seus problemas estarão somente começando.

Exatamente por isso observamos que certos idosos parecem se tornar sovinas, sempre preocupados com seus ganhos e com suas economias. Controlam rigorosamente seus gastos, e não admitem despesas que consideram desnecessárias. Mesmo aquelas que lhes possam trazer algum benefício e qualidade de vida.

Muitos familiares e pessoas mais próximas costumam se incomodar com isso. Todavia, ao invés de criticar esses idosos, melhor será se puderem ajudá-los a ordenar suas finanças. Atendê-los por meio de especialistas confiáveis e compreender suas limitações.

Do ponto de vista institucional, mister se faz que os governantes se preocupem mais com os idosos, proporcionando-lhes aposentadorias dignas e seguras. E especialmente assistência médica e medicamentosa fácil e gratuita, pois é exatamente nesse campo da saúde que suas necessidades se fazem mais prementes, enquanto suas economias se evaporam. Mesmo sendo repetitivos, acentuamos: é essencial que se estabeleçam políticas de assistência e moradia para idosos em condições dignas e acessíveis. Idosos não são nem nunca serão um peso para a sociedade. Afinal, também repetimos, foram eles que nos formaram, e foram eles que construíram o mundo em que vivemos. É ainda mais significativo, um alerta: a menos que a morte nos pegue ainda na meia-idade, seremos nós os idosos de amanhã. Como será o nosso futuro, quando o peso dos anos já não forem fardo fácil de carregar?

Para completar devemos fazer algumas considerações sobre dois pontos essenciais.

6 Suicídio entre idosos

Bastante preocupante é a incidência de **suicídio** entre idosos. Nos Estados Unidos, talvez pela solidão característica de um país altamente tecnológico e competitivo, onde cada um vale pelo que produz e pelo seu potencial de consumo – duas coisas das quais o idoso geralmente está excluído – as taxas de suicídio são mais elevadas entre as pessoas acima de 70 anos de idade. Isso se explica pelo fato de que os idosos, de modo geral, são mais resistentes para buscar algum tipo de ajuda psicológica. E quando recorrem ao suicídio, o fazem de maneira muito bem pensada, de modo a não haver apenas uma tentativa, mas a consumação irreversível do ato de autoextermínio. Por isso mesmo, qualquer idoso que manifeste desejos de se suicidar deve ser levado bastante a sério.

A causa maior do autoextermínio entre idosos é a depressão e o sentimento de desesperança. Quando se perde a esperança de viver com qualidade, quando se percebe a decadência física e mental, quando se perde o cônjuge, parentes ou amigos próximos e de relacionamento significativo, se não houver um embasamento espiritual consistente, e se não tiver o apoio psicológico necessário, o idoso passa a considerar o suicídio como opção lógica e viável.

Tentar utilizar com idosos táticas de prevenção de suicídio apropriadas para jovens é totalmente inútil. Como dizer para um idoso em decrepitude que a vida vale a pena de ser vivida, pois ele ainda pode fazer muitas coisas? Como procurar levá-lo a focalizar um futuro promissor, se para ele isso é apenas uma fantasia inalcançável? Como tentar motivá-lo a viver, dizendo que a sua vida é importante para outras pessoas, se a realidade em que vive é totalmente diversa, e ele se sente totalmente abandonado?

Faz-se necessária a tomada de uma séria atitude em relação ao comportamento suicida do idoso, especialmente numa sociedade na qual ele é desvalorizado, suas necessidades básicas não são levadas em conta e tudo é feito objetivando os jovens, e pouco ou nada os idosos.

Uma sociedade na qual se perde até a própria identidade, passando o idoso a ser rotulado pejorativamente de "vovô", "vovó" ou, pior ainda, de "velho caduco".

7 Os ritos mortuários

Outro ponto que merece especial atenção são os RITOS MORTUÁRIOS. Em primeiro lugar, é necessário que se ressalte a importância de se respeitar a opção do idoso para a forma como quer ter seu corpo tratado após a sua morte. Alguns desejam doar seu corpo para escolas de medicina, prestando um derradeiro serviço à humanidade, uma vez que seus órgãos já não poderão ser usados em transplantes. Outros fazem a opção de serem cremados, ao invés de sepultados. Outros mais querem ser sepultados em suas cidades natal ou em outra onde viveram momentos felizes de sua vida. Não cabe à família, nem a ninguém, contestar seu desejo, mas tudo fazer para atendê-lo, tendo em conta que o corpo deve ser respeitado sempre, embora já não seja aquela pessoa com quem se conviveu por tantos anos. Quem acredita numa vida eterna e na ressurreição dos mortos, sabe bem disso. Contudo, se aquela foi a escolha do idoso em vida, e lúcido, não é justo desrespeitá-lo só porque já não está ali para fazer valer a sua vontade. Exceção se faz quando a opção do falecido está muito além dos recursos da família, pois também não será justo sacrificar significativamente os que ficam para atender a um desejo que talvez tenha sido exagerado. Obviamente que de forma alguma interesses pessoais na possível herança do idoso morto devem interferir nessa decisão. Nesse momento é muito importante que os familiares mais próximos decidam em comum acordo, evitando-se contendas posteriores. Se necessário, pode-se até pedir a intermediação de uma pessoa isenta e respeitada por todos, como um ministro religioso, o médico que o assistiu, um advogado amigo, ou um familiar com mais ascendência sobre os demais. De qualquer forma, desde que haja uma grande razoabilidade no desejo do falecido, ele deve ser indiscutivelmente respeitado.

Em nossa sociedade tem-se a tendência de considerar os ritos mortuários desnecessários, muitas vezes impedindo crianças e idosos de participar deles. Tal comportamento se deve ao desconhecimento da importância desses ritos, os quais não pertencem ao morto, mas sim aos seus sobreviventes.

É com esses ritos, que se iniciam quando o enfermo está em fase final de sua doença, que a família se prepara para o desenlace e para as providências que deverão ser tomadas após a ocorrência da morte.

É na preparação do corpo e das roupas com que ele será vestido, é no velório, na cremação ou sepultamento, nas celebrações religiosas durante e após o enterro, que a família e os amigos irão elaborando a perda, irão vivenciando o luto e poderão superar o sofrimento da separação.

Privar pessoas queridas desses ritos é impedir grande parte do trabalho fundamental para acabar com o sofrimento. Pois, repetimos, o importantíssimo processo do luto, para superação do sofrimento pelas perdas, tem início exatamente nos ritos funerários. Para mais detalhes, remetemos o leitor ao nosso livro sobre o LUTO, dessa mesma editora.

Todas as pessoas têm uma cota de sofrimento a ser cumprida após um determinado evento doloroso. Ela pode superá-la em mais ou menos tempo, dependendo do trabalho que fizer para tal. Se doparmos com tranquilizantes um parente que está sofrendo, iremos apenas adiar o seu padecimento. Ele não será dissolvido pelos medicamentos, ficando latente na pessoa. E poderá ser até maior, se for protelado para mais à frente.

Tentar consolar dizendo ter sido aquele fato um fruto do destino, do karma, ou da vontade de Deus, é aumentar a revolta dos sobreviventes contra tais forças, que além de estarem fora do seu controle, ainda lhes impõem tanto sofrimento.

Estar genuinamente ao lado do que sofre; ser solidário na sua dor sem querer dar soluções mágicas;

ser capaz de ouvir sem multiplicar respostas vazias e inúteis; chorar junto; atender às necessidades do que sofre e não às próprias necessidades de pretenso ajudador, que quase sempre nada ajuda e até se torna um chato inconveniente – é esse o melhor caminho para quem quer atender ao ser humano que passa por uma perda significativa. Empatia e compaixão são fórmulas quase mágicas. Respeito, boa vontade, disponibilidade, são fundamentais. Mas o conhecimento das particularidades do idoso é indispensável para o seu correto acolhimento.

Conclusão

Em épocas distintas fizemos dois poemas que refletem o pensamento de quem vê os anos passando mas percebe ser a vida um dom maravilhoso que deve ser sempre usufruído e cultivado com carinho. Deixamo-los como conclusão deste livro.

1 Pré-vendo reflexivo[1]

> O que direi quando aos oitenta
> anos chegar...
> Se chegar?
> Olharei para trás e direi:
> "Quanta coisa fiz,
> Quantas obras realizei"?
> Ou, quem sabe,
> assentado,
> sozinho na varanda,
> contarei nuvens a passar no céu,
> lamentarei a solidão,
> me sentindo abandonado,
> desprezado?

---

[1] 01/04/1996, poucos dias depois que completei 58 anos de idade.

Meus escritos, esquecidos;
minha voz, com rouquidão;
meus livros, folheados, dormitando
já cansados,
nas estantes;
meus discos, arranhados, sem tocar,
nas prateleiras...
Filhos, netos, cada qual em seu
caminho,
amigos que se foram, lembranças
que ficaram!
Saudades que devoram meus
instantes,
passantes,
incessantes, torturantes...
Aos sessenta, me vejo ali à frente;
setenta, questionável, mais adiante,
quantos mais, não sei.
Se quero, nem sei...
O que fiz, o que farei,
bem menos talvez, nem tão bem,
nem tão belo
quanto eu quis, ou eu sonhei.
Valeu? Valerá?
O que trouxe? O que trará?
Sentado na varanda, olhando
estrelas,
a chuva, o sol.
Só. Sozinho. Eu e eu.
Eu e Deus.
Não, não estou só...
Direi sim, como digo agora: valeu!
A vida como a fiz, faço e farei,
valeu!

2 Olhando para trás e para frente[2]

> *Inspirado no poema Viver a vida,*
> *de Nadine Stair*

Olhando para trás,
ao completar 64 anos de vida,
vejo que muito já fiz,
mas muito mais poderia ter feito,
tudo bem melhor do que eu fiz.
Afinal, muito aprendi nesses anos vividos.
Mas o que fiz,
com certeza o fiz da melhor maneira possível,
considerando o que eu sabia
e o que eu era capaz,
naquele exato momento
em que cada coisa eu fazia.
Por isso, nada tenho a lamentar.
Se fiz alguma coisa não tão boa,
nem tão bem,
aquilo era, naquele instante,
exatamente o que eu sabia e poderia fazer.
Hoje, com certeza faria melhor, bem melhor,
mas não naquele momento.
Assim, nada tenho por que me desculpar,

---

[2] Acabei de escrever este livro quando completei 83 anos de idade. Lendo estes dois poemas fico bem à vontade para dizer: continuo afirmando que a vida, como vivi, valeu. Março de 2021.

só tenho muito que aprender.
Se voltasse no tempo, sabendo o que hoje sei,
com certeza as coisas que achei ter feito bem,
diferentemente as iria fazer.
Contudo, talvez os resultados não fossem tão bons,
quanto agora os possa imaginar.
Afinal, tudo foi feito num determinado momento,
onde com certeza,
deveria ter sido feito, exatamente como feito foi.
Por isso mesmo,
a história é tal como é.
Ao invés de dizer como deveria ter feito,
certo será fazer melhor o que faço agora.
Nada posso mudar no ontem,
contudo, bem melhor posso fazer o hoje.
Lamentar o que fiz ou deixei de fazer,
somente me fará infeliz,
e infelizes farei, todos aqueles que me cercam.
Procurando contudo,
aprender com o que fiz,
sem nunca lamentar por elas,
com certeza meus dias serão melhores,

melhores serão meus
relacionamentos,
muito melhor será a vida!
Na verdade,
só o que fiz a contragosto, talvez
posso lamentar.
Tudo o que sabia não estar certo,
mas assim mesmo as fiz.
Talvez por essas coisas,
eu devesse me desculpar.
Contudo, mesmo elas,
com certeza foram feitas em razão
do momento,
e naquele momento,
nem tão erradas elas me pareciam:
por isso as fiz.
Assim, aos 64 anos e olhando para
trás,
só tenho que agradecer por tudo o
que fiz.
Pois é graças a essa história,
que hoje sou o que sou e quem eu sou,
e aprendi a fazer melhor, o que
antes não fazia tão bem.
Por ainda estar aprendendo,
e bem-disposto a aprender mais,
nos anos que ainda tiver,
com certeza farei mais... e muito
melhor!
(Abril de 2002)

Outras leituras sugeridas

ARIÈS, P. *O homem diante da morte*. Rio de Janeiro: Francisco Alves, 1977.

ARIÈS, P. *História da morte no Ocidente*. Rio de Janeiro: Ediouro, 2002.

BAYARD, J.P. *Sentido oculto dos ritos mortuários*. São Paulo: Paulus, 1996.

BLANK, R.J. *Viver sem o temor da morte*. São Paulo: Paulinas, 1984.

BOFF, L. *Vida para além da morte*. 4. ed. Petrópolis: Vozes, 1973.

BROMBERG, M.H.P.F. *A psicoterapia em situações de perdas e luto*. São Paulo: Livro Pleno, 2000.

CASSORLA, R.M.S. *Da morte: estudos brasileiros*. Campinas: Papirus, 1991.

CHAUCHARD, P. et al. *A sobrevivência depois da morte*. São Paulo: Difusão Europeia do Livro, 1969.

CORR, C. et col. *Death & Dying, Life & Living*. Pacific Grove: Ca. Brooks/Cole Publishing Company, 1997.

DAL MAS DIAS, E.T. Adolescência e morte: representações e significados. *Psicologia Escolar e Educacional*, Maringá, v. 15, n. 2, dez./2011.

D'ASSUMPÇÃO, E.A. *O sentido da vida e da morte*. 3. ed. São Paulo: O Recado, 1991.

D'ASSUMPÇÃO, E.A. *Por que sofro se procuro ser bom?* São Paulo: O Recado, 1996.

D'ASSUMPÇÃO, E.A. *Transcomunicação – A comunicação com os mortos e a parapsicologia*. 2. ed. São Paulo: O Recado, 1996.

D'ASSUMPÇÃO, E.A. *Dizendo adeus*. 3. ed. Belo Horizonte: Fumarc, 2001.

D'ASSUMPÇÃO, E.A. *Tanatologia – Ciência da vida e da morte*. Belo Horizonte: Fumarc, 2002 [Vol. 1 da Coleção Biotanatologia e Bioética].

D'ASSUMPÇÃO, E.A. *Morrer – E depois?* Belo Horizonte: Fumarc, 2002 [Vol. 3 da Coleção Biotanatologia e Bioética].

D'ASSUMPÇÃO, E.A. *Grupo de suporte ao luto (GSuL)*. São Paulo: Paulinas, 2003.

D'ASSUMPÇÃO, E.A. *Suicídio*. Belo Horizonte: Fumarc, 2004 [Vol. 4 da Coleção Biotanatologia e Bioética].

D'ASSUMPÇÃO, E.A. *Convivendo com perdas e ganhos*. Belo Horizonte: Fumarc, 2004 [Vol. 5 da Coleção Biotanatologia e Bioética].

D'ASSUMPÇÃO, E.A. *Biotanatologia e bioética*. São Paulo: Paulinas, 2005.

D'ASSUMPÇÃO, E.A. *Autoimagem x autoestima*. Belo Horizonte: Fumarc, 2006 [Vol. 8 da Coleção Biotanatologia e Bioética].

D'ASSUMPÇÃO, E.A. *Sobre o viver e o morrer*. 2. ed. Petrópolis: Vozes, 2011.

D'ASSUMPÇÃO, E.A. *Luto: como viver para superá-lo*. Petrópolis: Vozes, 2018.

D'ASSUMPÇÃO, E.A. *Suicídio*. Petrópolis: Vozes [no prelo].

DOLTO, F. *A causa dos adolescentes*. Rio de Janeiro: Nova Fronteira, 1990.

ERIKSON, E.H & ERIKSON, J.M. On generativity and identity: From a conversation with Erik and Joan Erikson. *Harvard Educational Review*, p. 249-269, 1991.

FRANCO, M.H.P. *Estudos avançados sobre o luto*. Campinas: Livro Pleno, 2002.

FRANCO, M.H.P. *Uma jornada sobre o luto*. Campinas: Livro Pleno, 2002.

HENNEZEL, M.; LELOUP, J.Y. *A arte de morrer*. Petrópolis: Vozes, 1999.

KASTENBAUM, R.; AISENBERG, R. *Psicologia da morte*. São Paulo: USP, 1993.

KOVÁCS, M.J.; ESSLINGER, I.; VAICIUNAS, N.; FRANCO, M.H.P. *Falando de morte com o adolescente?* [Filme-vídeo]. São Paulo: Insight Produções/Instituto de Psicologia da Universidade de São Paulo, VHS/ NTSC, 15 min. Color, 1999.

KOVÁCS, M.J. *Educação para a morte: temas e reflexões*. São Paulo: Casa do Psicólogo, 2003.

KÜBLER-ROSS, E. *Sobre a morte e o morrer*. São Paulo: Martins Fontes, 1994.

KÜBLER-ROSS, E. *Morte, estágio final da evolução*. Rio de Janeiro: Nova Era, 1996.

LINS, G.L. *A ajuda nos momentos de crise*. Belo Horizonte: Cultura, 1998.

McINTOSH, J.L. Suicide among the elderly: Levels and trends. *American Journal of Orthopsychiatry*, 56, p. 288-293, 1985.

OSGOOD, N.J. The Elderly. In: CORR, C.A.; NABE, C.M.; CORR, D.M. *Death and Dying, Life and Living*. 2. ed. Pacific Grove: Brooks/Cole Publishing, 1996, p. 409-431.

PARKERS, C.M. *Luto – Estudos sobre a perda na vida adulta*. São Paulo: Summus, 1998.

RANDO, T.A. *Grief, Dying, and Death*. Illinois: Research Press Company, 1984.

REYNOLDS, L.A. et al. Antecipatory Grief and Bereavement. In: ROBERTS, M.C. *Handbook of Pediatric Psychology*. Nova York: The Guilford Press, 1995.

RODRIGUEZ, C.F. & KOVÁCS, M.J. Falando de morte com adolescente. *Estudos e Pesquisas em Psicologia*. Rio de Janeiro, v. 5, n. 1, jun./2005.

TAVARES, G.R. *Do luto à luta*. Belo Horizonte: Pessoal, 2001.

TEPPERWEIN, K. *O que a doença quer dizer*. São Paulo: Ground, 2002.

TORRES, W.C. *O desenvolvimento cognitivo e a aquisição do conceito de morte em crianças de diferentes condições socioexperienciais* [Pós-graduação]. Campinas: Faculdade de Ciências Médicas da Unicamp, 1996.

TOYNBEE, A. The relation between life and death, living and dying. In: TOYNBEE, A. et al. *Man's concern with death.* Nova York: McGraw-Hill, 1998, p. 229-271.

WEINBERD, J. Sexual expression in late life. *American Journal of Psychiatry*, 126, p. 713-716, 1969.

WORDEN, J.W. *Terapia do luto.* 2. ed. Porto Alegre: Artes Médicas, 1998.

YALOM, I.U.D. & VINOGRADOV, S. Bereavement groups: Techniques and themes. *International Journal of Group Psychoterapy*, 38, p. 419-446, 1998.

Leia também!

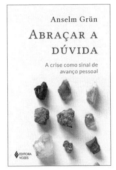

Conecte-se conosco:

- **f** facebook.com/editoravozes
- **◯** @editoravozes
- **🐦** @editora_vozes
- **▶** youtube.com/editoravozes
- **🕾** +55 24 2233-9033

www.vozes.com.br

Conheça nossas lojas:

www.livrariavozes.com.br

Belo Horizonte – Brasília – Campinas – Cuiabá – Curitiba
Fortaleza – Juiz de Fora – Petrópolis – Recife – São Paulo

EDITORA VOZES LTDA.
Rua Frei Luís, 100 – Centro – Cep 25689-900 – Petrópolis, RJ
Tel.: (24) 2233-9000 – E-mail: vendas@vozes.com.br